Tierschutzgesetz

Vollständige Textausgabe für Studium und Beruf 2017

Außerdem: TierSchNutztV; Tierschutz-Hundeverordnung, Tiergesundheitsgesetz

Impressum

© M.G.J.V – Verlag, Hans-Much-Weg 14, 20249 Hamburg, Telefon: 040/ 32030598; - Redaktion M.G.J.V

Buchbewertungen über den Distributor Amazon sind ausdrücklich erwünscht. Konstruktive Anregungen nutzen wir gerne, um künftige Auflagen zu ergänzen und anzupassen.

Inhaltsverzeichnis

Tierschutzgesetz

TierSchG

Ausfertigungsdatum: 24.07.1972

"Tierschutzgesetz in der Fassung der Bekanntmachung vom 18. Mai 2006 (BGBl. I S. 1206, 1313), das zuletzt durch Artikel 4 Absatz 87 des Gesetzes vom 18. Juli 2016 (BGBl. I S. 1666) geändert worden ist". Neugefasst durch Bek. v. 18.5.2006 I 1206, 1313; zuletzt geändert durch Art. 4 Abs. 87 G v. 18.7.2016 I 1666

Fußnote

(+++ Textnachweis Geltung ab: 1.1.1987 +++)
(+++ Maßgaben aufgrund des EinigVtr Anlage I Kap. VI Sachgeb. A Abschn. III
  Nr. 14 nicht mehr anzuwenden gem. Art. 109 Nr. 2 Buchst. a DBuchst. jj
  G v. 8.12.2010 I 1864 mWv 15.12.2010 +++)
(+++ Amtliche Hinweise des Normgebers auf EG-Recht:
  Umsetzung der
  EWGRL 628/91 (CELEX Nr: 31991L0628)

3

EWGRL 630/91 (CELEX Nr: 31991L0630)
EGRL 119/93 (CELEX Nr: 31993L0119)
EWGRL 609/86 (CELEX Nr: 31986L0609)
EWGRL 35/93 (CELEX Nr: 31993L0035) vgl. G v. 25.5.1998 I 1094 +++)

Erster Abschnitt
Grundsatz

-

§ 1

Zweck dieses Gesetzes ist es, aus der Verantwortung des Menschen für das Tier als Mitgeschöpf dessen Leben und Wohlbefinden zu schützen. Niemand darf einem Tier ohne vernünftigen Grund Schmerzen, Leiden oder Schäden zufügen.

Zweiter Abschnitt
Tierhaltung

-

§ 2

Wer ein Tier hält, betreut oder zu betreuen hat,

1.

muss das Tier seiner Art und seinen Bedürfnissen entsprechend angemessen ernähren, pflegen und verhaltensgerecht unterbringen,

2.

darf die Möglichkeit des Tieres zu artgemäßer Bewegung nicht so einschränken, dass ihm Schmerzen oder vermeidbare Leiden oder Schäden zugefügt werden,

3.

muss über die für eine angemessene Ernährung, Pflege und verhaltensgerechte Unterbringung des Tieres erforderlichen Kenntnisse und Fähigkeiten verfügen.

-

§ 2a

(1) Das Bundesministerium für Ernährung und Landwirtschaft (Bundesministerium) wird ermächtigt, durch Rechtsverordnung mit Zustimmung des Bundesrates, soweit es zum Schutz der Tiere erforderlich ist, die Anforderungen an die Haltung von Tieren nach § 2 näher zu bestimmen und dabei insbesondere Vorschriften zu erlassen über Anforderungen

1.

hinsichtlich der Bewegungsmöglichkeit oder der Gemeinschaftsbedürfnisse der Tiere,

2.

an Räume, Käfige, andere Behältnisse und sonstige Einrichtungen zur Unterbringung von Tieren sowie an die Beschaffenheit von Anbinde-, Fütterungs- und Tränkvorrichtungen,

3.

hinsichtlich der Lichtverhältnisse und des Raumklimas bei der Unterbringung der Tiere,

4.

an die Pflege einschließlich der Überwachung der Tiere; hierbei kann das Bundesministerium auch vorschreiben, dass Aufzeichnungen über die Ergebnisse der Überwachung zu machen, aufzubewahren und der zuständigen Behörde auf Verlangen vorzulegen sind,

5.

an Kenntnisse und Fähigkeiten von Personen, die Tiere halten, betreuen oder zu betreuen haben und an den Nachweis dieser Kenntnisse und Fähigkeiten,

6.

an Sicherheitsvorkehrungen im Falle technischer Störungen oder im Brandfall.

(1a) Das Bundesministerium wird ermächtigt, durch Rechtsverordnung mit Zustimmung des Bundesrates, soweit es zum Schutz der Tiere erforderlich ist, Anforderungen an Ziele, Mittel und Methoden bei der Ausbildung, bei der Erziehung oder beim Training von Tieren festzulegen.

(1b) Das Bundesministerium wird ermächtigt, durch Rechtsverordnung mit Zustimmung des Bundesrates, so weit es zum Schutz der Tiere erforderlich ist und sich eine Pflicht zur Kennzeichnung nicht aus § 11a Absatz 3 ergibt, Vorschriften zur Kennzeichnung von Tieren, insbesondere von Hunden und Katzen, sowie zur Art und Durchführung der Kennzeichnung zu erlassen.

(2) Das Bundesministerium wird ermächtigt, im Einvernehmen mit dem Bundesministerium für Verkehr und digitale Infrastruktur durch Rechtsverordnung mit Zustimmung des Bundesrates, soweit es zum Schutz der Tiere erforderlich ist, ihre Beförderung zu regeln. Es kann hierbei insbesondere

1.

Anforderungen

a)

hinsichtlich der Transportfähigkeit von Tieren,

b)

an Transportmittel für Tiere

festlegen,

1a.

bestimmte Transportmittel und Versendungsarten für die Beförderung bestimmter Tiere, insbesondere die Versendung als Nachnahme, verbieten oder beschränken,

2.

bestimmte Transportmittel und Versendungsarten für die Beförderung bestimmter Tiere vorschreiben,

3.

vorschreiben, dass bestimmte Tiere bei der Beförderung von einem Betreuer begleitet werden müssen,

3a.

vorschreiben, dass Personen, die Tiertransporte durchführen oder hierbei mitwirken, bestimmte Kenntnisse und Fähigkeiten haben und diese nachweisen müssen,

4.

Vorschriften über das Verladen, Entladen, Unterbringen, Ernähren und Pflegen der Tiere erlassen,

5.

als Voraussetzung für die Durchführung von Tiertransporten bestimmte Bescheinigungen, Erklärungen oder Meldungen vorschreiben sowie deren Ausstellung und Aufbewahrung regeln,

6.

vorschreiben, dass, wer gewerbsmäßig Tiertransporte durchführt, einer Erlaubnis der zuständigen Behörde bedarf oder bei der zuständigen Behörde registriert sein muss, sowie die Voraussetzungen und das Verfahren bei der Erteilung der Erlaubnis und bei der Registrierung regeln,

7.

vorschreiben, dass, wer Tiere während des Transports in einer Einrichtung oder einem Betrieb ernähren, pflegen oder unterbringen will, einer Erlaubnis der zuständigen Behörde

5

bedarf, und die Voraussetzungen und das Verfahren der Erteilung der Erlaubnis regeln, soweit dies zur Durchführung von Rechtsakten der Europäischen Gemeinschaft oder der Europäischen Union erforderlich ist.

(3) Des Einvernehmens des Bundesministeriums für Bildung und Forschung bedürfen Rechtsverordnungen

1.

nach Absatz 1, soweit sie Anforderungen an die Haltung von Tieren festlegen, die zur Verwendung in Tierversuchen bestimmt sind oder deren Gewebe oder Organe dazu bestimmt sind, zu wissenschaftlichen Zwecken verwendet zu werden,

2.

nach Absatz 2 Satz 1, soweit sie die Beförderung von Tieren regeln, die zur Verwendung in Tierversuchen bestimmt sind oder deren Gewebe oder Organe dazu bestimmt sind, zu wissenschaftlichen Zwecken verwendet zu werden.

-

§ 3

Es ist verboten,

1.

einem Tier außer in Notfällen Leistungen abzuverlangen, denen es wegen seines Zustandes offensichtlich nicht gewachsen ist oder die offensichtlich seine Kräfte übersteigen,

1a.

einem Tier, an dem Eingriffe und Behandlungen vorgenommen worden sind, die einen leistungsmindernden körperlichen Zustand verdecken, Leistungen abzuverlangen, denen es wegen seines körperlichen Zustandes nicht gewachsen ist,

1b.

an einem Tier im Training oder bei sportlichen Wettkämpfen oder ähnlichen Veranstaltungen Maßnahmen, die mit erheblichen Schmerzen, Leiden oder Schäden verbunden sind und die die Leistungsfähigkeit von Tieren beeinflussen können, sowie an einem Tier bei sportlichen Wettkämpfen oder ähnlichen Veranstaltungen Dopingmittel anzuwenden,

2.

ein gebrechliches, krankes, abgetriebenes oder altes, im Haus, Betrieb oder sonst in Obhut des Menschen gehaltenes Tier, für das ein Weiterleben mit nicht behebbaren Schmerzen oder Leiden verbunden ist, zu einem anderen Zweck als zur unverzüglichen schmerzlosen Tötung zu veräußern oder zu erwerben; dies gilt nicht für die unmittelbare Abgabe eines kranken Tieres an eine Person oder Einrichtung, der eine Genehmigung nach § 8 Absatz 1 Satz 1 und, wenn es sich um ein Wirbeltier handelt, erforderlichenfalls eine Genehmigung nach Vorschriften, die auf Grund des § 9 Absatz 3 Nummer 1 und 2 erlassen worden sind, für Versuche an solchen Tieren erteilt worden ist,

3.

ein im Haus, Betrieb oder sonst in Obhut des Menschen gehaltenes Tier auszusetzen oder es zurückzulassen, um sich seiner zu entledigen oder sich der Halter- oder Betreuerpflicht zu entziehen,

4.

ein gezüchtetes oder aufgezogenes Tier einer wildlebenden Art in der freien Natur auszusetzen oder anzusiedeln, das nicht auf die zum Überleben in dem vorgesehenen Lebensraum erforderliche artgemäße Nahrungsaufnahme vorbereitet und an das Klima angepasst ist; die Vorschriften des Jagdrechts und des Naturschutzrechts bleiben unberührt,

5.

ein Tier auszubilden oder zu trainieren, sofern damit erhebliche Schmerzen, Leiden oder Schäden für das Tier verbunden sind,

6.

7.
    ein Tier zu einer Filmaufnahme, Schaustellung, Werbung oder ähnlichen Veranstaltung heranzuziehen, sofern damit Schmerzen, Leiden oder Schäden für das Tier verbunden sind,

8.
    ein Tier an einem anderen lebenden Tier auf Schärfe abzurichten oder zu prüfen,

8a.
    ein Tier auf ein anderes Tier zu hetzen, soweit dies nicht die Grundsätze weidgerechter Jagdausübung erfordern,

    ein Tier zu einem derartig aggressiven Verhalten auszubilden oder abzurichten, dass dieses Verhalten

    a)
        bei ihm selbst zu Schmerzen, Leiden oder Schäden führt oder

    b)
        im Rahmen jeglichen artgemäßen Kontaktes mit Artgenossen bei ihm selbst oder einem Artgenossen zu Schmerzen oder vermeidbaren Leiden oder Schäden führt oder

    c)
        seine Haltung nur unter Bedingungen zulässt, die bei ihm zu Schmerzen oder vermeidbaren Leiden oder Schäden führen,

9.
    einem Tier durch Anwendung von Zwang Futter einzuverleiben, sofern dies nicht aus gesundheitlichen Gründen erforderlich ist,

10.
    einem Tier Futter darzureichen, das dem Tier erhebliche Schmerzen, Leiden oder Schäden bereitet,

11.
    ein Gerät zu verwenden, das durch direkte Stromeinwirkung das artgemäße Verhalten eines Tieres, insbesondere seine Bewegung, erheblich einschränkt oder es zur Bewegung zwingt und dem Tier dadurch nicht unerhebliche Schmerzen, Leiden oder Schäden zufügt, soweit dies nicht nach bundes- oder landesrechtlichen Vorschriften zulässig ist,

12.
    ein Tier als Preis oder Belohnung bei einem Wettbewerb, einer Verlosung, einem Preisausschreiben oder einer ähnlichen Veranstaltung auszuloben,

13.
    ein Tier für eigene sexuelle Handlungen zu nutzen oder für sexuelle Handlungen Dritter abzurichten oder zur Verfügung zu stellen und dadurch zu artwidrigem Verhalten zu zwingen.

Satz 1 Nummer 12 gilt nicht, wenn das Tier auf einer in Satz 1 Nummer 12 bezeichneten Veranstaltung ausgelobt wird, bei der erwartet werden kann, dass die Teilnehmer der Veranstaltung im Falle des Gewinns als künftige Tierhalter die Einhaltung der Anforderungen des § 2 sicherstellen können.

Dritter Abschnitt
Töten von Tieren

§ 4

(1) Ein Wirbeltier darf nur unter wirksamer Schmerzausschaltung (Betäubung) in einem Zustand der Wahrnehmungs- und Empfindungslosigkeit oder sonst, soweit nach den gegebenen Umständen zumutbar, nur unter Vermeidung von Schmerzen getötet werden. Ist die Tötung eines Wirbeltieres ohne Betäubung im Rahmen weidgerechter Ausübung der Jagd oder auf Grund anderer Rechtsvorschriften zulässig oder erfolgt sie im Rahmen zulässiger Schädlingsbekämpfungsmaßnahmen, so darf die Tötung nur vorgenommen werden, wenn hierbei nicht mehr als unvermeidbare Schmerzen entstehen. Ein Wirbeltier töten darf nur, wer die dazu notwendigen Kenntnisse und Fähigkeiten hat.

(1a) Personen, die berufs- oder gewerbsmäßig regelmäßig Wirbeltiere zum Zweck des Tötens betäuben oder töten, haben gegenüber der zuständigen Behörde einen Sachkundenachweis zu erbringen. Wird im Rahmen einer Tätigkeit nach Satz 1 Geflügel in Anwesenheit einer Aufsichtsperson zum Zweck des Tötens betäubt oder getötet, so hat außer der Person, die die Tiere betäubt oder tötet, auch die Aufsichtsperson den Sachkundenachweis zu erbringen. Werden im Rahmen einer Tätigkeit nach Satz 1 Fische in Anwesenheit einer Aufsichtsperson zum Zweck des Tötens betäubt oder getötet, so genügt es, wenn diese den Sachkundenachweis erbringt. Die Sätze 1 bis 3 gelten nicht für das Betäuben zum Zweck des Tötens und das Töten von Wirbeltieren, die zur Verwendung in Tierversuchen bestimmt sind oder deren Organe oder Gewebe dazu bestimmt sind, zu wissenschaftlichen Zwecken verwendet zu werden.

(2) Für das Schlachten eines warmblütigen Tieres gilt § 4a.

(3) Für das Töten von Wirbeltieren, ausschließlich um ihre Organe oder Gewebe zu wissenschaftlichen Zwecken zu verwenden, gilt § 7a Absatz 2 Nummer 1 entsprechend. Hunde, Katzen und Primaten dürfen zu wissenschaftlichen Zwecken nur getötet werden, soweit sie entweder für einen solchen Zweck oder für eine Verwendung in Tierversuchen gezüchtet worden sind. Abweichend von Satz 2 kann die zuständige Behörde, soweit es mit dem Schutz der Tiere vereinbar ist, das Töten von Tieren, die nicht nach Satz 2 gezüchtet worden sind, genehmigen, soweit

1.

    nach Satz 2 gezüchtete Tiere mit den Eigenschaften, die für den jeweiligen Zweck erforderlich sind, nicht zur Verfügung stehen oder

2.

    die jeweiligen wissenschaftlichen Zwecke die Verwendung von Tieren erforderlich machen, die nicht nach Satz 2 gezüchtet worden sind.

–

§ 4a

(1) Ein warmblütiges Tier darf nur geschlachtet werden, wenn es vor Beginn des Blutentzugs zum Zweck des Schlachtens betäubt worden ist.

(2) Abweichend von Absatz 1 bedarf es keiner Betäubung, wenn

1.

    sie bei Notschlachtungen nach den gegebenen Umständen nicht möglich ist,

2.

    die zuständige Behörde eine Ausnahmegenehmigung für ein Schlachten ohne Betäubung (Schächten) erteilt hat; sie darf die Ausnahmegenehmigung nur insoweit erteilen, als es erforderlich ist, den Bedürfnissen von Angehörigen bestimmter Religionsgemeinschaften im Geltungsbereich dieses Gesetzes zu entsprechen, denen zwingende Vorschriften ihrer Religionsgemeinschaft das Schächten vorschreiben oder den Genuss von Fleisch nicht geschächteter Tiere untersagen oder

3.

    dies als Ausnahme durch Rechtsverordnung nach § 4b Nr. 3 bestimmt ist.

–

§ 4b

Das Bundesministerium wird ermächtigt, für die Zwecke der §§ 4 und 4a durch Rechtsverordnung mit Zustimmung des Bundesrates

1.

    a)

        das Schlachten von Fischen und anderen kaltblütigen Tieren zu regeln,

    b)

bestimmte Tötungsarten und Betäubungsverfahren näher zu regeln, vorzuschreiben, zuzulassen oder zu verbieten,

c)

die Voraussetzungen näher zu regeln, unter denen Schlachtungen im Sinne des § 4a Abs. 2 Nr. 2 vorgenommen werden dürfen,

d)

nähere Vorschriften über Art und Umfang der zum Betäuben oder Töten von Wirbeltieren erforderlichen Kenntnisse und Fähigkeiten sowie über das Verfahren zu deren Nachweis zu erlassen,

e)

nicht gewerbliche Tätigkeiten zu bestimmen, die den Erwerb des Sachkundenachweises zum Töten von Wirbeltieren erfordern,

um sicherzustellen, dass den Tieren nicht mehr als unvermeidbare Schmerzen zugefügt werden,

2.

das Schlachten von Tieren im Rahmen der Bestimmungen des Europäischen Übereinkommens vom 10. Mai 1979 über den Schutz von Schlachttieren (BGBl. 1983 II S. 770) näher zu regeln,

3.

für das Schlachten von Geflügel Ausnahmen von der Betäubungspflicht zu bestimmen. Rechtsverordnungen nach Satz 1 Nummer 1 Buchstabe b und d bedürfen,

1.

soweit sie das Betäuben oder Töten mittels gefährlicher Stoffe oder Gemische im Sinne des Chemikaliengesetzes oder darauf bezogene Voraussetzungen für den Erwerb eines Sachkundenachweises betreffen, des Einvernehmens der Bundesministerien für Wirtschaft und Energie sowie für Umwelt, Naturschutz, Bau und Reaktorsicherheit,

2.

soweit sie das Betäuben oder Töten von Tieren, die zur Verwendung in Tierversuchen bestimmt sind oder deren Gewebe oder Organe dazu bestimmt sind, zu wissenschaftlichen Zwecken verwendet zu werden, oder darauf bezogene Voraussetzungen für den Erwerb eines Sachkundenachweises betreffen, des Einvernehmens des Bundesministeriums für Bildung und Forschung.

<u>Vierter Abschnitt</u>
<u>Eingriffe an Tieren</u>

-

§ 5

(1) An einem Wirbeltier darf ohne Betäubung ein mit Schmerzen verbundener Eingriff nicht vorgenommen werden. Die Betäubung warmblütiger Wirbeltiere sowie von Amphibien und Reptilien ist von einem Tierarzt vorzunehmen. Dies gilt nicht, soweit die Betäubung ausschließlich durch äußerliche Anwendung eines Tierarzneimittels erfolgt, das nach arzneimittelrechtlichen Vorschriften zugelassen ist, um eine örtliche Schmerzausschaltung zu erreichen, und nach dem Stand von Wissenschaft und Technik zum Zweck der Durchführung des jeweiligen Eingriffs geeignet ist. Dies gilt ferner nicht für einen Eingriff im Sinne des § 6 Absatz 1 Satz 2 Nummer 2a, soweit die Betäubung ohne Beeinträchtigung des Zustandes der Wahrnehmungs- und Empfindungsfähigkeit, ausgenommen die Schmerzempfindung, durch ein Tierarzneimittel erfolgt, das nach arzneimittelrechtlichen Vorschriften für die Schmerzausschaltung bei diesem Eingriff zugelassen ist. Für die Betäubung mit Betäubungspatronen kann die zuständige Behörde Ausnahmen von Satz 2 zulassen, sofern ein berechtigter Grund nachgewiesen wird. Ist nach den Absätzen 2, 3 und 4 Nr. 1 eine Betäubung nicht erforderlich, sind alle Möglichkeiten auszuschöpfen, um die Schmerzen oder Leiden der Tiere zu vermindern.

9

(2) Eine Betäubung ist nicht erforderlich,

1.
   wenn bei vergleichbaren Eingriffen am Menschen eine Betäubung in der Regel unterbleibt oder der mit dem Eingriff verbundene Schmerz geringfügiger ist als die mit einer Betäubung verbundene Beeinträchtigung des Befindens des Tieres,

2.
   wenn die Betäubung im Einzelfall nach tierärztlichem Urteil nicht durchführbar erscheint.

(3) Eine Betäubung ist ferner nicht erforderlich

1.
   für das Kastrieren von unter vier Wochen alten männlichen Rindern, Schafen und Ziegen, sofern kein von der normalen anatomischen Beschaffenheit abweichender Befund vorliegt,

1a.
   (weggefallen)

2.
   für das Enthornen oder das Verhindern des Hornwachstums bei unter sechs Wochen alten Rindern,

3.
   für das Kürzen des Schwanzes von unter vier Tage alten Ferkeln sowie von unter acht Tage alten Lämmern,

4.
   für das Kürzen des Schwanzes von unter acht Tage alten Lämmern mittels elastischer Ringe,

5.
   für das Abschleifen der Eckzähne von unter acht Tage alten Ferkeln, sofern dies zum Schutz des Muttertieres oder der Wurfgeschwister unerläßlich ist,

6.
   für das Absetzen des krallentragenden letzten Zehengliedes bei Masthahnenküken, die als Zuchthähne Verwendung finden sollen, während des ersten Lebenstages,

7.
   für die Kennzeichnung

   a)
      durch implantierten elektronischen Transponder,

   b)
      von Säugetieren außer Schweinen, Schafen, Ziegen und Kaninchen durch Ohr- oder Schenkeltätowierung innerhalb der ersten zwei Lebenswochen,

   c)
      von Schweinen, Schafen, Ziegen und Kaninchen durch Ohrtätowierung,

   d)
      von Schweinen durch Schlagstempel und

   e)
      von landwirtschaftlichen Nutztieren durch Ohrmarke oder Flügelmarke.

(4) Das Bundesministerium wird ermächtigt, durch Rechtsverordnung mit Zustimmung des Bundesrates

1.
   über Absatz 3 hinaus weitere Maßnahmen von der Betäubungspflicht auszunehmen, soweit dies mit § 1 vereinbar ist,

2.
   Verfahren und Methoden zur Durchführung von Maßnahmen nach Absatz 3 sowie auf Grund einer Rechtsverordnung nach Nummer 1 bestimmter Maßnahmen vorzuschreiben, zuzulassen oder zu verbieten, soweit dies zum Schutz der Tiere erforderlich ist.

-

§ 6

(1) Verboten ist das vollständige oder teilweise Amputieren von Körperteilen oder das vollständige oder teilweise Entnehmen oder Zerstören von Organen oder Geweben eines Wirbeltieres. Das Verbot gilt nicht, wenn

1.

der Eingriff im Einzelfall

a)

nach tierärztlicher Indikation geboten ist oder

b)

bei jagdlich zu führenden Hunden für die vorgesehene Nutzung des Tieres unerläßlich ist und tierärztliche Bedenken nicht entgegenstehen,

1a.

eine nach artenschutzrechtlichen Vorschriften vorgeschriebene Kennzeichnung vorgenommen wird,

1b.

eine Kennzeichnung von Pferden durch Schenkelbrand vorgenommen wird,

2.

ein Fall des § 5 Abs. 3 Nr. 1 oder 7 vorliegt,

2a.

unter acht Tage alte männliche Schweine kastriert werden,

3.

ein Fall des § 5 Abs. 3 Nr. 2 bis 6 vorliegt und der Eingriff im Einzelfall für die vorgesehene Nutzung des Tieres zu dessen Schutz oder zum Schutz anderer Tiere unerläßlich ist,

4.

das vollständige oder teilweise Entnehmen von Organen oder Geweben erforderlich ist, um zu anderen als zu wissenschaftlichen Zwecken die Organe oder Gewebe zu transplantieren, Kulturen anzulegen oder isolierte Organe, Gewebe oder Zellen zu untersuchen,

5.

zur Verhinderung der unkontrollierten Fortpflanzung oder - soweit tierärztliche Bedenken nicht entgegenstehen - zur weiteren Nutzung oder Haltung des Tieres eine Unfruchtbarmachung vorgenommen wird.

Eingriffe nach Satz 2 Nummer 1 und 5 sind durch einen Tierarzt vorzunehmen; im Falle eines Eingriffs nach Satz 2 Nummer 2a gilt dies auch, sofern ein von der normalen anatomischen Beschaffenheit abweichender Befund vorliegt. Eingriffe nach

1.

Satz 2 Nummer 1a, 1b, 2 und 3,

2.

Nummer 2a, die nicht durch einen Tierarzt vorzunehmen sind, sowie

3.

Absatz 3

dürfen auch durch eine andere Person vorgenommen werden, die die dazu notwendigen Kenntnisse und Fähigkeiten hat. Im Anschluss an die Kastration eines über sieben Tage alten Schweines sind schmerzstillende Arzneimittel einschließlich Betäubungsmittel bei dem Tier anzuwenden.

(1a) Für die Eingriffe nach Absatz 1 Satz 2 Nummer 4 gelten

1.

§ 7 Absatz 1 Satz 2 Nummer 1 und Satz 3, § 7a Absatz 2 Nummer 1, 4 und 5 und § 9 Absatz 5 Satz 1, jeweils auch in Verbindung mit § 9 Absatz 6 Satz 1, sowie

2.

Vorschriften in Rechtsverordnungen, die auf Grund des

a)

§ 7 Absatz 3 oder

b)

11

§ 9 Absatz 1, 2 und 3 Nummer 2, Absatz 4 Satz 1 Nummer 3 und Satz 2 und Absatz 5 Satz 2, jeweils auch in Verbindung mit Absatz 6 Satz 2,

erlassen worden sind, soweit dies in einer Rechtsverordnung, die das Bundesministerium mit Zustimmung des Bundesrates erlassen hat, vorgesehen ist, entsprechend. Derjenige, der einen Eingriff nach Absatz 1 Satz 2 Nummer 4 durchführen will, hat den Eingriff spätestens zwei Wochen vor Beginn der zuständigen Behörde anzuzeigen. Die Frist braucht nicht eingehalten zu werden, wenn in Notfällen eine sofortige Durchführung des Eingriffes erforderlich ist; die Anzeige ist unverzüglich nachzuholen. Die in Satz 2 genannte Frist kann von der zuständigen Behörde bei Bedarf auf bis zu vier Wochen verlängert werden. In der Anzeige sind anzugeben:

1.
    der Zweck des Eingriffs,
2.
    die Art und die Zahl der für den Eingriff vorgesehenen Tiere,
3.
    die Art und die Durchführung des Eingriffs einschließlich der Betäubung,
4.
    Ort, Beginn und voraussichtliche Dauer des Vorhabens,
5.
    Name, Anschrift und Fachkenntnisse des verantwortlichen Leiters des Vorhabens und seines Stellvertreters sowie der durchführenden Person und die für die Nachbehandlung in Frage kommenden Personen,
6.
    die Begründung für den Eingriff.

(2) Verboten ist, beim Amputieren oder Kastrieren elastische Ringe zu verwenden; dies gilt nicht im Falle des Absatzes 3 Nr. 3 oder des § 5 Abs. 3 Nr. 4.

(3) Abweichend von Absatz 1 Satz 1 kann die zuständige Behörde

1.
    das Kürzen der Schnabelspitzen von Legehennen bei unter zehn Tage alten Küken,
2.
    das Kürzen der Schnabelspitzen bei Nutzgeflügel, das nicht unter Nummer 1 fällt,
3.
    das Kürzen des bindegewebigen Endstückes des Schwanzes von unter drei Monate alten männlichen Kälbern mittels elastischer Ringe

erlauben. Die Erlaubnis darf nur erteilt werden, wenn glaubhaft dargelegt wird, dass der Eingriff im Hinblick auf die vorgesehene Nutzung zum Schutz der Tiere unerläßlich ist. Die Erlaubnis ist zu befristen und hat im Falle der Nummer 1 Bestimmungen über Art, Umfang und Zeitpunkt des Eingriffs und die durchführende Person zu enthalten.

(4) Das Bundesministerium wird ermächtigt, durch Rechtsverordnung mit Zustimmung des Bundesrates die dauerhafte Kennzeichnung von Tieren, an denen nicht offensichtlich erkennbare Eingriffe vorgenommen worden sind, vorzuschreiben, wenn dies zum Schutz der Tiere erforderlich ist.

(5) Der zuständigen Behörde ist im Falle des Absatzes 1 Satz 2 Nr. 3 auf Verlangen glaubhaft darzulegen, dass der Eingriff für die vorgesehene Nutzung unerlässlich ist.

(6) Das Bundesministerium wird ermächtigt, durch Rechtsverordnung mit Zustimmung des Bundesrates für Eingriffe im Sinne des Absatzes 1 Satz 2 Nummer 2a abweichend von § 5 Absatz 1 Satz 2 zuzulassen, dass die Betäubung von bestimmten anderen Personen vorgenommen werden darf, soweit es mit dem Schutz der Tiere vereinbar ist. In der Rechtsverordnung nach Satz 1 sind die Anforderungen zu regeln, unter denen diese Personen die Betäubung vornehmen dürfen; dabei können insbesondere

1.
    Verfahren und Methoden einschließlich der Arzneimittel und der Geräte zur Durchführung der Betäubung sowie des Eingriffes nach Satz 1 vorgeschrieben oder verboten werden,

2.

vorgesehen werden, dass die Person, die die Betäubung durchführt, die für diese Tätigkeit erforderliche Zuverlässigkeit und die erforderlichen Kenntnisse und Fähigkeiten zu besitzen und diese nachzuweisen hat, und

3.

nähere Vorschriften über die Art und den Umfang der nach Nummer 2 erforderlichen Kenntnisse und Fähigkeiten erlassen sowie Anforderungen an den Nachweis und die Aufrechterhaltung der erforderlichen Kenntnisse und Fähigkeiten festgelegt und das Verfahren des Nachweises geregelt werden.

-

§ 6a

Die Vorschriften dieses Abschnittes gelten nicht für Tierversuche nach § 7 Absatz 2 Satz 1, auch in Verbindung mit Satz 2.

Fünfter Abschnitt
Tierversuche

-

§ 7

(1) Die Vorschriften dieses Abschnitts dienen dem Schutz von Tieren, die zur Verwendung in Tierversuchen bestimmt sind oder deren Gewebe oder Organe dazu bestimmt sind, zu wissenschaftlichen Zwecken verwendet zu werden. Dazu sind

1.

Tierversuche im Hinblick auf

a)

die den Tieren zuzufügenden Schmerzen, Leiden und Schäden,

b)

die Zahl der verwendeten Tiere,

c)

die artspezifische Fähigkeit der verwendeten Tiere, unter den Versuchseinwirkungen zu leiden,

auf das unerlässliche Maß zu beschränken und

2.

die Tiere, die zur Verwendung in Tierversuchen bestimmt sind oder deren Gewebe oder Organe dazu bestimmt sind, zu wissenschaftlichen Zwecken verwendet zu werden, so zu halten, zu züchten und zu pflegen, dass sie nur in dem Umfang belastet werden, der für die Verwendung zu wissenschaftlichen Zwecken unerlässlich ist.

Tierversuche dürfen nur von Personen geplant und durchgeführt werden, die die dafür erforderlichen Kenntnisse und Fähigkeiten haben. § 1 bleibt unberührt.

(2) Tierversuche im Sinne dieses Gesetzes sind Eingriffe oder Behandlungen zu Versuchszwecken

1.

an Tieren, wenn sie mit Schmerzen, Leiden oder Schäden für diese Tiere verbunden sein können,

2.

an Tieren, die dazu führen können, dass Tiere geboren werden oder schlüpfen, die Schmerzen, Leiden oder Schäden erleiden, oder

3.

am Erbgut von Tieren, wenn sie mit Schmerzen, Leiden oder Schäden für die erbgutveränderten Tiere oder deren Trägertiere verbunden sein können.

13

Als Tierversuche gelten auch Eingriffe oder Behandlungen, die nicht Versuchszwecken dienen, und

1.

    die zur Herstellung, Gewinnung, Aufbewahrung oder Vermehrung von Stoffen, Produkten oder Organismen vorgenommen werden,

2.

    durch die Organe oder Gewebe ganz oder teilweise entnommen werden, um zu wissenschaftlichen Zwecken

    a)

        die Organe oder Gewebe zu transplantieren,

    b)

        Kulturen anzulegen oder

    c)

        isolierte Organe, Gewebe oder Zellen zu untersuchen,

    oder

3.

    die zu Aus-, Fort- oder Weiterbildungszwecken vorgenommen werden,

soweit eine der in Satz 1 Nummer 1 bis 3 genannten Voraussetzungen vorliegt. Nicht als Tierversuch gilt das Töten eines Tieres, soweit dies ausschließlich erfolgt, um dessen Organe oder Gewebe zu wissenschaftlichen Zwecken zu verwenden.

(3) Das Bundesministerium wird ermächtigt, im Einvernehmen mit dem Bundesministerium für Bildung und Forschung durch Rechtsverordnung mit Zustimmung des Bundesrates die näheren Einzelheiten zu den Anforderungen nach Absatz 1 Satz 2 Nummer 2 zu regeln.

–

§ 7a

(1) Tierversuche dürfen nur durchgeführt werden, soweit sie zu einem der folgenden Zwecke unerlässlich sind:

1.

    Grundlagenforschung,

2.

    sonstige Forschung mit einem der folgenden Ziele:

    a)

        Vorbeugung, Erkennung oder Behandlung von Krankheiten, Leiden, Körperschäden oder körperlichen Beschwerden bei Menschen oder Tieren,

    b)

        Erkennung oder Beeinflussung physiologischer Zustände oder Funktionen bei Menschen oder Tieren,

    c)

        Förderung des Wohlergehens von Tieren oder Verbesserung der Haltungsbedingungen von landwirtschaftlichen Nutztieren,

3.

    Schutz der Umwelt im Interesse der Gesundheit oder des Wohlbefindens von Menschen oder Tieren,

4.

    Entwicklung und Herstellung sowie Prüfung der Qualität, Wirksamkeit oder Unbedenklichkeit von Arzneimitteln, Lebensmitteln, Futtermitteln oder anderen Stoffen oder Produkten mit einem der in Nummer 2 Buchstabe a bis c oder Nummer 3 genannten Ziele,

5.

    Prüfung von Stoffen oder Produkten auf ihre Wirksamkeit gegen tierische Schädlinge,

6.

    Forschung im Hinblick auf die Erhaltung der Arten,

7.

Aus-, Fort- oder Weiterbildung,

8.

gerichtsmedizinische Untersuchungen.

Tierversuche zur Aus-, Fort- oder Weiterbildung nach Satz 1 Nummer 7 dürfen nur durchgeführt werden

1.

an einer Hochschule, einer anderen wissenschaftlichen Einrichtung oder einem Krankenhaus oder

2.

im Rahmen einer Aus-, Fort- oder Weiterbildung für Heil- oder Heilhilfsberufe oder naturwissenschaftliche Hilfsberufe.

(2) Bei der Entscheidung, ob ein Tierversuch unerlässlich ist, sowie bei der Durchführung von Tierversuchen sind folgende Grundsätze zu beachten:

1.

Der jeweilige Stand der wissenschaftlichen Erkenntnisse ist zugrunde zu legen.

2.

Es ist zu prüfen, ob der verfolgte Zweck nicht durch andere Methoden oder Verfahren erreicht werden kann.

3.

Versuche an Wirbeltieren oder Kopffüßern dürfen nur durchgeführt werden, wenn die zu erwartenden Schmerzen, Leiden oder Schäden der Tiere im Hinblick auf den Versuchszweck ethisch vertretbar sind.

4.

Schmerzen, Leiden oder Schäden dürfen den Tieren nur in dem Maße zugefügt werden, als es für den verfolgten Zweck unerlässlich ist; insbesondere dürfen sie nicht aus Gründen der Arbeits-, Zeit- oder Kostenersparnis zugefügt werden.

5.

Versuche an Tieren, deren artspezifische Fähigkeit, unter den Versuchseinwirkungen zu leiden, stärker entwickelt ist, dürfen nur durchgeführt werden, soweit Tiere, deren derartige Fähigkeit weniger stark entwickelt ist, für den verfolgten Zweck nicht ausreichen.

(3) Tierversuche zur Entwicklung oder Erprobung von Waffen, Munition und dazugehörigem Gerät sind verboten.

(4) Tierversuche zur Entwicklung von Tabakerzeugnissen, Waschmitteln und Kosmetika sind grundsätzlich verboten. Das Bundesministerium wird ermächtigt, durch Rechtsverordnung mit Zustimmung des Bundesrates Ausnahmen zu bestimmen, soweit es erforderlich ist, um

1.

konkrete Gesundheitsgefährdungen abzuwehren, und die notwendigen neuen Erkenntnisse nicht auf andere Weise erlangt werden können, oder

2.

Rechtsakte der Europäischen Gemeinschaft oder der Europäischen Union durchzuführen.

(5) Ein Tierversuch gilt als abgeschlossen, wenn

1.

keine weiteren Beobachtungen mehr für den Tierversuch anzustellen sind oder,

2.

soweit genetisch veränderte, neue Tierlinien verwendet werden,

a)

an der Nachkommenschaft keine weiteren Beobachtungen mehr anzustellen sind und

b)

nicht mehr erwartet wird, dass die Nachkommenschaft auf Grund der biotechnischen oder gentechnischen Veränderungen Schmerzen oder Leiden empfindet oder dauerhaft Schäden erleidet.

15

(6) Das Bundesministerium wird ermächtigt, im Einvernehmen mit dem Bundesministerium für Bildung und Forschung durch Rechtsverordnung mit Zustimmung des Bundesrates

1.

Vorschriften dieses Gesetzes oder

2.

auf Grund dieses Gesetzes erlassene Rechtsverordnungen zur Durchführung, Genehmigung und Anzeige von Tierversuchen

auf Versuche an Tieren in einem Entwicklungsstadium vor der Geburt oder dem Schlupf zu erstrecken, soweit dies zum Schutz dieser Tiere auf Grund ihrer Fähigkeit, Schmerzen oder Leiden zu empfinden oder Schäden zu erleiden, und zur Durchführung von Rechtsakten der Europäischen Union erforderlich ist.

-

§ 8

(1) Wer Versuche an Wirbeltieren oder Kopffüßern durchführen will, bedarf der Genehmigung des Versuchsvorhabens durch die zuständige Behörde. Die Genehmigung eines Versuchsvorhabens ist zu erteilen, wenn

1.

wissenschaftlich begründet dargelegt ist, dass

a)

die Voraussetzungen des § 7a Absatz 1 und 2 Nummer 1 bis 3 vorliegen,

b)

das angestrebte Ergebnis trotz Ausschöpfens der zugänglichen Informationsmöglichkeiten nicht hinreichend bekannt ist oder die Überprüfung eines hinreichend bekannten Ergebnisses durch einen Doppel- oder Wiederholungsversuch unerlässlich ist,

2.

der verantwortliche Leiter des Versuchsvorhabens und sein Stellvertreter die erforderliche fachliche Eignung insbesondere hinsichtlich der Überwachung der Tierversuche haben und keine Tatsachen vorliegen, aus denen sich Bedenken gegen ihre Zuverlässigkeit ergeben,

3.

die erforderlichen Räumlichkeiten, Anlagen und anderen sachlichen Mittel den Anforderungen entsprechen, die in einer auf Grund des § 9 Absatz 4 Satz 1 Nummer 1 erlassenen Rechtsverordnung festgelegt sind,

4.

die personellen und organisatorischen Voraussetzungen für die Durchführung der Tierversuche einschließlich der Tätigkeit des Tierschutzbeauftragten gegeben sind,

5.

die Haltung der Tiere den Anforderungen des § 2 und den in einer auf Grund des § 2a Absatz 1 Nummer 1 bis 4, auch in Verbindung mit § 11 Absatz 3, oder des § 2a Absatz 2 Satz 1 erlassenen Rechtsverordnung festgelegten Anforderungen entspricht und ihre medizinische Versorgung sichergestellt ist,

6.

die Einhaltung der Vorschriften des § 7 Absatz 1 Satz 2 Nummer 1 und des § 7a Absatz 2 Nummer 4 und 5 erwartet werden kann,

7.

die Einhaltung von

a)

Sachkundeanforderungen,

b)

Vorschriften zur Schmerzlinderung und Betäubung von Tieren,

c)

16

     Vorschriften zur erneuten Verwendung von Tieren,

d)

     Verwendungsverboten und -beschränkungen,

e)

     Vorschriften zur Vermeidung von Schmerzen, Leiden und Schäden nach Erreichen des Zwecks des Tierversuches,

f)

     Vorschriften zur Verhinderung des Todes eines Tieres unter der Versuchseinwirkung oder zur Vermeidung von Schmerzen und Leiden beim Tod eines Tieres und

g)

     Vorschriften zu der Vorgehensweise nach Abschluss des Tierversuchs,
die in einer auf Grund des § 2a Absatz 1 Nummer 5 oder des § 4b Satz 1 Nummer 1 Buchstabe b, jeweils auch in Verbindung mit § 11 Absatz 3, oder des § 9 Absatz 1 bis 3 und 4 Satz 1 Nummer 2 oder 3 oder Satz 2 erlassenen Rechtsverordnung festgelegt sind, erwartet werden kann und

8.

     das Führen von Aufzeichnungen nach § 9 Absatz 5 Satz 1 in Verbindung mit den in einer auf Grund des § 9 Absatz 5 Satz 2 erlassenen Rechtsverordnung festgelegten Anforderungen erwartet werden kann.

(2) Wird die Genehmigung einer Hochschule oder anderen Einrichtung erteilt, so müssen die Personen, die die Tierversuche durchführen, bei der Einrichtung beschäftigt oder mit Zustimmung des verantwortlichen Leiters zur Benutzung der Einrichtung befugt sein.

(3) Das Bundesministerium wird ermächtigt, im Einvernehmen mit dem Bundesministerium für Bildung und Forschung durch Rechtsverordnung mit Zustimmung des Bundesrates Vorschriften zu erlassen über

1.

     die Form und den Inhalt des Antrags auf Erteilung einer Genehmigung nach Absatz 1 Satz 1 sowie die antragsberechtigten Personen,

2.

     das Genehmigungsverfahren einschließlich dessen Dauer,

3.

     den Inhalt des Genehmigungsbescheids,

4.

     das Verfahren im Falle nachträglicher Änderungen der der Genehmigung zugrunde liegenden wesentlichen Sachverhalte, einschließlich der Pflicht zur Anzeige oder Genehmigung solcher Änderungen,

5.

     die Befristung von Genehmigungen oder die Verlängerung der Geltungsdauer von Genehmigungen und

6.

     den Vorbehalt des Widerrufs von Genehmigungen.

(4) Das Bundesministerium wird ermächtigt, im Einvernehmen mit dem Bundesministerium für Bildung und Forschung durch Rechtsverordnung mit Zustimmung des Bundesrates vorzusehen, dass Tierversuche einer Einstufung hinsichtlich ihres Schweregrads nach Artikel 15 Absatz 1 der Richtlinie 2010/63/EU des Europäischen Parlaments und des Rates vom 22. September 2010 zum Schutz der für wissenschaftliche Zwecke verwendeten Tiere (ABl. L 276 vom 20.10.2010, S. 33) unterzogen werden, und dabei das Verfahren und den Inhalt der Einstufung sowie die diesbezüglichen Mitwirkungspflichten des Antragstellers zu regeln, soweit dies zur Durchführung von Rechtsakten der Europäischen Union erforderlich ist.

(5) Das Bundesministerium wird ermächtigt, im Einvernehmen mit dem Bundesministerium für Bildung und Forschung durch Rechtsverordnung mit Zustimmung des Bundesrates vorzusehen, dass Versuchsvorhaben einer rückblickenden Bewertung durch die zuständige Behörde unterzogen werden, und dabei das Verfahren und den Inhalt der Bewertung sowie die diesbezüglichen Mitwirkungspflichten des Antragstellers zu regeln, soweit dies zur Verbesserung

17

des Schutzes der Tiere in Tierversuchen und zur Durchführung von Rechtsakten der Europäischen Union erforderlich ist.

(6) Das Bundesministerium wird ermächtigt, im Einvernehmen mit dem Bundesministerium für Bildung und Forschung durch Rechtsverordnung mit Zustimmung des Bundesrates vorzusehen, dass die zuständigen Behörden Zusammenfassungen zu genehmigten Versuchsvorhaben zum Zwecke der Veröffentlichung übermitteln, die Angaben über

1.
    die Ziele des Versuchsvorhabens einschließlich des zu erwartenden Nutzens,

2.
    die Anzahl, die Art und die zu erwartenden Schmerzen, Leiden und Schäden der zu verwendenden Tiere und

3.
    die Erfüllung der Anforderungen des § 7 Absatz 1 Satz 2 Nummer 1 und des § 7a Absatz 2 Nummer 2, 4 und 5

enthalten, und die Form der Zusammenfassungen sowie das Verfahren ihrer Veröffentlichung zu regeln, soweit dies zur Verbesserung des Schutzes der Tiere in Tierversuchen und zur Durchführung von Rechtsakten der Europäischen Union erforderlich ist. Es kann dabei vorsehen, dass die Veröffentlichung der Zusammenfassungen durch das Bundesinstitut für Risikobewertung erfolgt.

‐

§ 8a

(1) Wer ein Versuchsvorhaben, in dem Wirbeltiere oder Kopffüßer verwendet werden, durchführen will,

1.
    das ausschließlich Tierversuche zum Gegenstand hat, deren Durchführung ausdrücklich

    a)
        durch Gesetz oder Rechtsverordnung, durch das Arzneibuch oder durch unmittelbar geltenden Rechtsakt der Europäischen Gemeinschaft oder der Europäischen Union vorgeschrieben ist,

    b)
        in einer von der Bundesregierung oder einem Bundesministerium erlassenen allgemeinen Verwaltungsvorschrift vorgesehen ist oder

    c)
        auf Grund eines Gesetzes oder einer Rechtsverordnung oder eines unmittelbar anwendbaren Rechtsaktes der Europäischen Gemeinschaft oder der Europäischen Union behördlich oder gerichtlich angeordnet oder im Einzelfall als Voraussetzung für eine behördliche Entscheidung gefordert wird,

2.
    das ausschließlich Tierversuche zum Gegenstand hat, die als Impfungen, Blutentnahmen oder sonstige diagnostische Maßnahmen nach bereits erprobten Verfahren an Tieren vorgenommen werden und

    a)
        der Erkennung von Krankheiten, Leiden, Körperschäden oder körperlichen Beschwerden bei Menschen oder Tieren oder

    b)
        der Prüfung von Seren, Blutzubereitungen, Impfstoffen, Antigenen oder Testallergenen im Rahmen von Zulassungsverfahren oder Chargenprüfungen

    dienen,

3.
    das ausschließlich Tierversuche nach § 7 Absatz 2 Satz 2 Nummer 1 oder 2 zum Gegenstand hat, die nach bereits erprobten Verfahren

a)

zur Herstellung, Gewinnung, Aufbewahrung oder Vermehrung von Stoffen, Produkten oder Organismen oder

b)

zu diagnostischen Zwecken

vorgenommen werden, oder

4.

das ausschließlich Tierversuche zum Gegenstand hat, die zur Aus-, Fort- oder Weiterbildung nach bereits erprobten Verfahren durchgeführt werden,

hat das Versuchsvorhaben der zuständigen Behörde anzuzeigen.

(2) Absatz 1 gilt nicht für Versuchsvorhaben,

1.

in denen Primaten verwendet werden oder

2.

die Tierversuche zum Gegenstand haben, die nach Maßgabe des Artikels 15 Absatz 1 in Verbindung mit Anhang VIII der Richtlinie 2010/63/EU als „schwer" einzustufen sind.

(3) Wer ein Versuchsvorhaben, in dem Zehnfußkrebse verwendet werden, durchführen will, hat das Versuchsvorhaben der zuständigen Behörde anzuzeigen.

(4) Das Bundesministerium wird ermächtigt, im Einvernehmen mit dem Bundesministerium für Bildung und Forschung durch Rechtsverordnung mit Zustimmung des Bundesrates vorzusehen, dass Versuche an anderen wirbellosen Tieren als Kopffüßern und Zehnfußkrebsen der zuständigen Behörde anzuzeigen sind, soweit diese Tiere über eine den Wirbeltieren entsprechende artspezifische Fähigkeit verfügen, unter den Versuchseinwirkungen zu leiden, und es zu ihrem Schutz erforderlich ist.

(5) Das Bundesministerium wird ermächtigt, im Einvernehmen mit dem Bundesministerium für Bildung und Forschung durch Rechtsverordnung mit Zustimmung des Bundesrates Vorschriften zu erlassen über

1.

die Form und den Inhalt der Anzeige nach Absatz 1 oder 3,

2.

das Verfahren der Anzeige nach Absatz 1 oder 3 einschließlich der für die Anzeige geltenden Fristen,

3.

den Zeitpunkt, ab dem oder bis zu dem die Durchführung angezeigter Versuchsvorhaben nach Absatz 1 oder 3 zulässig ist, und

4.

das Verfahren im Falle nachträglicher Änderungen der im Rahmen der Anzeige nach Absatz 1 oder 3 mitgeteilten Sachverhalte.

-

§ 9

(1) Das Bundesministerium wird ermächtigt, im Einvernehmen mit dem Bundesministerium für Bildung und Forschung durch Rechtsverordnung mit Zustimmung des Bundesrates nähere Vorschriften über die Art und den Umfang der nach § 7 Absatz 1 Satz 3 erforderlichen Kenntnisse und Fähigkeiten der Personen, die Tierversuche planen oder durchführen, insbesondere der biologischen, tiermedizinischen, rechtlichen und ethischen Kenntnisse und der Fähigkeiten im Hinblick auf die Durchführung von Tierversuchen, zu erlassen sowie Anforderungen an den Nachweis und die Aufrechterhaltung der erforderlichen Kenntnisse und Fähigkeiten festzulegen; in der Rechtsverordnung kann auch vorgeschrieben werden, dass Aufzeichnungen über die Maßnahmen, die zum Zwecke der Aufrechterhaltung der Kenntnisse und Fähigkeiten ergriffen werden, zu machen, aufzubewahren und der zuständigen Behörde auf Verlangen vorzulegen sind.

(2) Das Bundesministerium wird ermächtigt, im Einvernehmen mit dem Bundesministerium für Bildung und Forschung durch Rechtsverordnung mit Zustimmung des Bundesrates

1.

    das Betäuben von Tieren, die in Tierversuchen verwendet werden, einschließlich der hierfür erforderlichen Kenntnisse und Fähigkeiten, oder die Anwendung schmerzlindernder Mittel oder Verfahren bei diesen Tieren vorzuschreiben und

2.

    die Gabe von Mitteln, die das Äußern von Schmerzen verhindern oder beeinträchtigen, zu verbieten oder zu beschränken.

(3) Das Bundesministerium wird ermächtigt, im Einvernehmen mit dem Bundesministerium für Bildung und Forschung und, soweit artenschutzrechtliche Belange berührt sind, dem Bundesministerium für Umwelt, Naturschutz, Bau und Reaktorsicherheit durch Rechtsverordnung mit Zustimmung des Bundesrates zur Durchführung von Rechtsakten der Europäischen Union Versuche

1.

    an Primaten,

2.

    an Tieren bestimmter Herkunft,

3.

    die besonders belastend sind,

zu verbieten oder zu beschränken, insbesondere von einer Genehmigung oder der Erfüllung weiterer, über § 8 Absatz 1 Satz 2 Nummer 2 bis 8 hinausgehender Anforderungen abhängig zu machen.

(4) Das Bundesministerium wird ermächtigt, im Einvernehmen mit dem Bundesministerium für Bildung und Forschung und, soweit artenschutzrechtliche Belange berührt sind, dem Bundesministerium für Umwelt, Naturschutz, Bau und Reaktorsicherheit durch Rechtsverordnung mit Zustimmung des Bundesrates Anforderungen an

1.

    für die Durchführung von Tierversuchen bestimmte Räumlichkeiten, Anlagen und Gegenstände,

2.

    den Fang wildlebender Tiere zum Zwecke ihrer Verwendung in Tierversuchen einschließlich der anschließenden Behandlung der Tiere und der hierfür erforderlichen Kenntnisse und Fähigkeiten und

3.

    die erneute Verwendung von Tieren in Tierversuchen

festzulegen. Das Bundesministerium wird ferner ermächtigt, im Einvernehmen mit dem Bundesministerium für Bildung und Forschung und, soweit artenschutzrechtliche Belange berührt sind, dem Bundesministerium für Umwelt, Naturschutz, Bau und Reaktorsicherheit durch Rechtsverordnung mit Zustimmung des Bundesrates die Behandlung eines in einem Tierversuch verwendeten Tieres nach Abschluss des Tierversuchs zu regeln und dabei

1.

    vorzusehen, dass das Tier einem Tierarzt vorzustellen ist,

2.

    vorzusehen, dass das Tier unter bestimmten Voraussetzungen zu töten ist, und

3.

    Anforderungen an die weitere Haltung und medizinische Versorgung des Tieres festzulegen.

(5) Über die Tierversuche sind Aufzeichnungen zu machen. Das Bundesministerium wird ermächtigt, im Einvernehmen mit dem Bundesministerium für Bildung und Forschung durch Rechtsverordnung mit Zustimmung des Bundesrates das Nähere über die Art und den Umfang der Aufzeichnungen nach Satz 1 zu regeln; es kann dabei vorschreiben, dass die Aufzeichnungen aufzubewahren und der zuständigen Behörde auf Verlangen vorzulegen sind.

(6) Der Leiter des Versuchsvorhabens oder im Falle seiner Verhinderung sein Stellvertreter haben die Einhaltung

1.

    der Vorschriften

    a)

        des § 7 Absatz 1 Satz 2 Nummer 1, des § 7a Absatz 2 Nummer 1, 4 und 5 und des § 9 Absatz 5 Satz 1 sowie

    b)

        des § 7 Absatz 1 Satz 3 und

2.

    der Vorschriften der auf Grund der Absätze 1 bis 5 erlassenen Rechtsverordnungen sicherzustellen. Das Bundesministerium wird ermächtigt, im Einvernehmen mit dem Bundesministerium für Bildung und Forschung durch Rechtsverordnung mit Zustimmung des Bundesrates das Nähere zu der Verpflichtung nach Satz 1 zu regeln.

Sechster Abschnitt
Tierschutzbeauftragte

§ 10

(1) Einrichtungen und Betriebe, in denen Wirbeltiere oder Kopffüßer,

1.

    die dazu bestimmt sind, in Tierversuchen verwendet zu werden, oder

2.

    deren Organe oder Gewebe dazu bestimmt sind, zu wissenschaftlichen Zwecken verwendet zu werden,

gehalten oder verwendet werden, müssen über Tierschutzbeauftragte sowie, soweit dies in einer Rechtsverordnung, die das Bundesministerium im Einvernehmen mit dem Bundesministerium für Bildung und Forschung mit Zustimmung des Bundesrates erlassen hat, bestimmt ist, weitere Personen verfügen, die verpflichtet sind, in besonderem Maße auf den Schutz der Tiere zu achten. Satz 1 gilt auch für Einrichtungen und Betriebe, in denen die dort genannten Tiere gezüchtet oder zum Zwecke der Abgabe an Dritte gehalten werden. Einrichtungen und Betriebe,

1.

    in denen Wirbeltiere nach § 4 Absatz 3 zu wissenschaftlichen Zwecken getötet werden oder

2.

    in denen Eingriffe nach § 6 Absatz 1 Satz 2 Nummer 4 vorgenommen werden,

müssen ebenfalls über Tierschutzbeauftragte nach Satz 1 verfügen.

(2) Die Tierschutzbeauftragten und die weiteren Personen nehmen ihre Aufgaben insbesondere durch Beratung der Einrichtung oder des Betriebes, für die oder für den sie tätig sind, und der dort beschäftigten Personen sowie durch die Abgabe von Stellungnahmen wahr. Das Bundesministerium wird ermächtigt, im Einvernehmen mit dem Bundesministerium für Bildung und Forschung durch Rechtsverordnung mit Zustimmung des Bundesrates das Nähere über die Tierschutzbeauftragten und weiteren Personen zu regeln und dabei Vorschriften über

1.

    das Verfahren ihrer Bestellung,

2.

    ihre Sachkunde,

3.

    ihre Aufgaben und Verpflichtungen, insbesondere im Hinblick auf die Sicherstellung einer sachkundigen und tiergerechten Haltung, Tötung und Verwendung der Tiere, und

4.

21

innerbetriebliche Maßnahmen und Vorkehrungen zur Sicherstellung einer wirksamen Wahrnehmung der in Nummer 3 genannten Aufgaben und Verpflichtungen zu erlassen. Dabei kann das Bundesministerium

1.

bestimmen, dass die Tierschutzbeauftragten und weiteren Personen im Rahmen von Beiräten zusammenwirken,

2.

das Nähere über die Aufgaben und die Zusammensetzung, einschließlich der Leitung, der Beiräte nach Nummer 1 regeln und

3.

vorschreiben, dass über die Tätigkeit der Beiräte nach Nummer 1 Aufzeichnungen zu machen, aufzubewahren und der zuständigen Behörde auf Verlangen vorzulegen sind.

Siebenter Abschnitt
Zucht, Halten von Tieren, Handel mit Tieren

-

§ 11

(1) Wer

1.

Wirbeltiere oder Kopffüßer,

a)

die dazu bestimmt sind, in Tierversuchen verwendet zu werden, oder

b)

deren Organe oder Gewebe dazu bestimmt sind, zu wissenschaftlichen Zwecken verwendet zu werden,

züchten oder, auch zum Zwecke der Abgabe dieser Tiere an Dritte, halten,

2.

Wirbeltiere zu den in § 6 Absatz 1 Satz 2 Nummer 4 genannten Zwecken züchten oder halten,

3.

Tiere in einem Tierheim oder in einer ähnlichen Einrichtung halten,

4.

Tiere in einem Zoologischen Garten oder einer anderen Einrichtung, in der Tiere gehalten und zur Schau gestellt werden, halten,

5.

Wirbeltiere, die nicht Nutztiere sind, zum Zwecke der Abgabe gegen Entgelt oder eine sonstige Gegenleistung in das Inland verbringen oder einführen oder die Abgabe solcher Tiere, die in das Inland verbracht oder eingeführt werden sollen oder worden sind, gegen Entgelt oder eine sonstige Gegenleistung vermitteln,

6.

für Dritte Hunde zu Schutzzwecken ausbilden oder hierfür Einrichtungen unterhalten,

7.

Tierbörsen zum Zwecke des Tausches oder Verkaufes von Tieren durch Dritte durchführen oder

8.

gewerbsmäßig, außer in den Fällen der Nummer 1,

a)

Wirbeltiere, außer landwirtschaftliche Nutztiere und Gehegewild, züchten oder halten,

b)

mit Wirbeltieren handeln,

c)

einen Reit- oder Fahrbetrieb unterhalten,

d)

Tiere zur Schau stellen oder für solche Zwecke zur Verfügung stellen,

e)

Wirbeltiere als Schädlinge bekämpfen oder

f)

für Dritte Hunde ausbilden oder die Ausbildung der Hunde durch den Tierhalter anleiten will, bedarf der Erlaubnis der zuständigen Behörde. Für das Zurschaustellen von Tieren an wechselnden Orten darf die Erlaubnis nach Satz 1 Nummer 4 oder nach Satz 1 Nummer 8 Buchstabe d nur insoweit erteilt werden, als die Tiere nicht einer Art angehören, deren Zurschaustellen an wechselnden Orten auf Grund einer Rechtsverordnung nach Absatz 4 verboten ist.

(2) Das Bundesministerium wird ermächtigt, durch Rechtsverordnung mit Zustimmung des Bundesrates in den Fällen des Absatzes 1 Satz 1

1.

das Nähere zu der Form und dem Inhalt des Antrags auf Erteilung einer Erlaubnis nach Absatz 1 Satz 1,

2.

die Voraussetzungen und das Verfahren für die Erteilung der Erlaubnis,

3.

den Inhalt der Erlaubnis, im Falle des Absatzes 1 Satz 1 Nummer 1 nur, soweit dies zur Durchführung von Rechtsakten der Europäischen Union erforderlich ist, sowie

4.

das Verfahren im Falle nachträglicher Änderungen der für die Erlaubniserteilung wesentlichen Sachverhalte, einschließlich der Pflicht zur Anzeige solcher Änderungen, zu regeln. Rechtsverordnungen nach Satz 1 bedürfen, soweit sie das Züchten oder Halten von Tieren nach Absatz 1 Satz 1 Nummer 1 oder 2 betreffen, des Einvernehmens des Bundesministeriums für Bildung und Forschung.

(3) In Rechtsverordnungen nach § 2a Absatz 1 oder § 4b können, soweit dies zur Durchführung von Rechtsakten der Europäischen Union erforderlich ist, über die dort genannten Anforderungen hinaus Anforderungen an die Haltung von Tieren nach Absatz 1 Satz 1 Nummer 1 oder an das Töten von Tieren nach Absatz 1 Satz 1 Nummer 1 vorgeschrieben werden, insbesondere

1.

Anforderungen an innerbetriebliche Abläufe zum Zwecke der Vermeidung, Feststellung und Beseitigung von Mängeln,

2.

Maßnahmen zum Zwecke der Gewöhnung und des Trainings solcher Tiere im Hinblick auf ihre Haltung und Verwendung und

3.

Anforderungen an den Erwerb und die Aufrechterhaltung der für die Betreuung und Pflege und das Töten erforderlichen Kenntnisse und Fähigkeiten; hierbei kann auch vorgeschrieben werden, dass Aufzeichnungen über die Maßnahmen, die zum Zwecke des Erwerbs und der Aufrechterhaltung der Kenntnisse und Fähigkeiten ergriffen werden, zu machen, aufzubewahren und der zuständigen Behörde auf Verlangen vorzulegen sind.

(4) Das Bundesministerium wird ermächtigt, durch Rechtsverordnung mit Zustimmung des Bundesrates das Zurschaustellen von Tieren wildlebender Arten an wechselnden Orten zu beschränken oder zu verbieten, soweit die Tiere der jeweiligen Art an wechselnden Orten nur unter erheblichen Schmerzen, Leiden oder Schäden gehalten oder zu den wechselnden Orten nur unter erheblichen Schmerzen, Leiden oder Schäden befördert werden können. Eine Rechtsverordnung nach Satz 1

1.

darf nur erlassen werden, soweit den in Satz 1 bezeichneten erheblichen Schmerzen, Leiden oder Schäden durch andere Regelungen, insbesondere solche mit Anforderungen an die Haltung oder Beförderung der Tiere, nicht wirksam begegnet werden kann,

2.

muss vorsehen, dass Tiere, die zum Zeitpunkt des Erlasses der Verordnung gehalten werden, von dem Verbot nur dann erfasst werden, wenn keine Möglichkeiten bestehen, die erheblichen Schmerzen, Leiden oder Schäden bei diesen Tieren auf ein vertretbares Maß zu vermindern.

(5) Mit der Ausübung der Tätigkeit nach Absatz 1 Satz 1 darf erst nach Erteilung der Erlaubnis begonnen werden. Die zuständige Behörde entscheidet schriftlich über den Antrag auf Erteilung einer Erlaubnis innerhalb einer Frist von vier Monaten ab Eingang des Antrags. Die in Satz 2 genannte Frist kann von der zuständigen Behörde um bis zu zwei Monate verlängert werden, soweit der Umfang und die Schwierigkeit der Prüfung des Vorliegens der Voraussetzungen der Erlaubnis dies rechtfertigen. Der Antragsteller ist über die Fristverlängerung vor Ablauf der in Satz 2 genannten Frist unter Angabe von Gründen zu unterrichten. Bei der Berechnung der Frist bleiben die Zeiten unberücksichtigt, während derer der Antragsteller trotz schriftlicher Aufforderung der Behörde den Anforderungen in einer auf Grund des Absatzes 2 Satz 1 Nummer 1 erlassenen Rechtsverordnung nicht nachgekommen ist. Die zuständige Behörde soll demjenigen die Ausübung der Tätigkeit untersagen, der die Erlaubnis nicht hat.

(6) Wer gewerbsmäßig Gehegewild halten will, hat dies vier Wochen vor Aufnahme der Tätigkeit der zuständigen Behörde anzuzeigen. Das Bundesministerium wird ermächtigt, durch Rechtsverordnung mit Zustimmung des Bundesrates

1.

die Form und den Inhalt der Anzeige,

2.

die Voraussetzungen, unter denen die Tätigkeit nach Satz 1 untersagt werden kann, und

3.

das Verfahren im Falle nachträglicher Änderungen der angezeigten Sachverhalte

zu regeln.

(7) Die Ausübung der nach Absatz 5 Satz 6 oder auf Grund einer Rechtsverordnung nach Absatz 6 Satz 2 Nummer 2 untersagten Tätigkeit kann von der zuständigen Behörde auch durch Schließung der Betriebs- oder Geschäftsräume verhindert werden.

(8) Wer Nutztiere zu Erwerbszwecken hält, hat durch betriebliche Eigenkontrollen sicherzustellen, dass die Anforderungen des § 2 eingehalten werden. Insbesondere hat er zum Zwecke seiner Beurteilung, dass die Anforderungen des § 2 erfüllt sind, geeignete tierbezogene Merkmale (Tierschutzindikatoren) zu erheben und zu bewerten.

-

§ 11a

(1) Wer

1.

eine nach § 11 Absatz 1 Satz 1 Nummer 1 erlaubnispflichtige Tätigkeit ausübt oder

2.

Wirbeltiere zu den in § 6 Absatz 1 Satz 2 Nummer 4 genannten Zwecken züchtet oder hält oder mit solchen Wirbeltieren handelt,

hat über die Herkunft und den Verbleib sowie im Falle von Hunden, Katzen und Primaten über die Haltung und Verwendung der Tiere Aufzeichnungen zu machen. Dies gilt nicht, soweit entsprechende Aufzeichnungspflichten auf Grund jagdrechtlicher oder naturschutzrechtlicher Vorschriften bestehen.

(2) Das Bundesministerium wird ermächtigt, im Einvernehmen mit dem Bundesministerium für Bildung und Forschung durch Rechtsverordnung mit Zustimmung des Bundesrates Vorschriften

über die Art, die Form und den Umfang der Aufzeichnungen nach Absatz 1 zu erlassen. Es kann dabei bestimmen, dass

1.
   die Aufzeichnungen zu einem bestimmten Zeitpunkt vorzunehmen sind,
2.
   die Aufzeichnungen aufzubewahren und der zuständigen Behörde auf Verlangen vorzulegen sind,
3.
   die Aufzeichnungen oder deren Inhalt an Dritte weiterzugeben sind und
4.
   Aufzeichnungen auf Grund anderer Rechtsvorschriften als Aufzeichnungen nach Satz 1 gelten.

(3) Wer Hunde, Katzen oder Primaten,

1.
   die zur Verwendung in Tierversuchen bestimmt sind oder deren Gewebe oder Organe dazu bestimmt sind, zu wissenschaftlichen Zwecken verwendet zu werden, oder
2.
   die zur Verwendung zu einem der in § 6 Absatz 1 Satz 2 Nummer 4 genannten Zwecke bestimmt sind,

züchtet, hat diese zum Zwecke der Feststellung der Identität des jeweiligen Tieres zu kennzeichnen. Sonstige Kennzeichnungspflichten bleiben unberührt. Das Bundesministerium wird ermächtigt, im Einvernehmen mit dem Bundesministerium für Bildung und Forschung durch Rechtsverordnung mit Zustimmung des Bundesrates

1.
   Vorschriften über die Art und Weise und den Zeitpunkt der Kennzeichnung nach Satz 1 zu erlassen und dabei vorzusehen, dass diese unter behördlicher Aufsicht vorzunehmen ist, und
2.
   vorzuschreiben, dass im Falle des Erwerbs von Hunden, Katzen oder Primaten zu den in Satz 1 Nummer 1 oder 2 genannten Zwecken der Erwerber zur Kennzeichnung nach Satz 1 verpflichtet ist und den Nachweis zu erbringen hat, dass es sich um für die genannten Zwecke gezüchtete Tiere handelt.

(4) Andere Wirbeltiere als Pferde, Rinder, Schweine, Schafe, Ziegen, Hühner, Tauben, Puten, Enten, Gänse und Fische, ausgenommen Zebrabärblinge, dürfen

1.
   zur Verwendung in Tierversuchen,
2.
   zu dem in § 4 Absatz 3 genannten Zweck oder
3.
   zu den in § 6 Absatz 1 Satz 2 Nummer 4 genannten Zwecken

aus Drittländern nur mit Genehmigung der zuständigen Behörde eingeführt werden. Die Genehmigung ist zu erteilen, soweit nachgewiesen wird, dass es sich um Tiere handelt, die zu einem der in Satz 1 Nummer 1 bis 3 genannten Zwecke gezüchtet worden sind. Andernfalls kann die Genehmigung nur erteilt werden, soweit

1.
   nach Satz 2 gezüchtete Tiere mit den Eigenschaften, die für den jeweiligen Zweck erforderlich sind, nicht zur Verfügung stehen oder
2.
   der jeweilige Zweck die Verwendung von Tieren erforderlich macht, die nicht nach Satz 2 gezüchtet worden sind.

Sonstige Einfuhrvorschriften bleiben unberührt.

(5) Das Bundesministerium wird ermächtigt, im Einvernehmen mit dem Bundesministerium für Bildung und Forschung und, soweit artenschutzrechtliche Belange berührt sind, dem Bundesministerium für Umwelt, Naturschutz, Bau und Reaktorsicherheit durch Rechtsverordnung

mit Zustimmung des Bundesrates bei Tieren, die zur Verwendung in Tierversuchen bestimmt waren oder deren Organe oder Gewebe dazu bestimmt waren, zu wissenschaftlichen Zwecken verwendet zu werden, bei denen diese Bestimmung jedoch entfallen ist, die dauerhafte Unterbringung außerhalb eines Betriebes oder einer Einrichtung nach § 10 Absatz 1 Satz 1 oder 2 oder die Freilassung solcher Tiere zu verbieten oder zu beschränken.

§ 11b

(1) Es ist verboten, Wirbeltiere zu züchten oder durch biotechnische Maßnahmen zu verändern, soweit im Falle der Züchtung züchterische Erkenntnisse oder im Falle der Veränderung Erkenntnisse, die Veränderungen durch biotechnische Maßnahmen betreffen, erwarten lassen, dass als Folge der Zucht oder Veränderung

1.

    bei der Nachzucht, den biotechnisch veränderten Tieren selbst oder deren Nachkommen erblich bedingt Körperteile oder Organe für den artgemäßen Gebrauch fehlen oder untauglich oder umgestaltet sind und hierdurch Schmerzen, Leiden oder Schäden auftreten oder

2.

    bei den Nachkommen

    a)

        mit Leiden verbundene erblich bedingte Verhaltensstörungen auftreten,

    b)

        jeder artgemäße Kontakt mit Artgenossen bei ihnen selbst oder einem Artgenossen zu Schmerzen oder vermeidbaren Leiden oder Schäden führt oder

    c)

        die Haltung nur unter Schmerzen oder vermeidbaren Leiden möglich ist oder zu Schäden führt.

(2) Die zuständige Behörde kann das Unfruchtbarmachen von Wirbeltieren anordnen, soweit züchterische Erkenntnisse oder Erkenntnisse, die Veränderungen durch biotechnische Maßnahmen betreffen, erwarten lassen, dass deren Nachkommen Störungen oder Veränderungen im Sinne des Absatzes 1 zeigen werden.

(3) Die Absätze 1 und 2 gelten nicht für durch Züchtung oder biotechnische Maßnahmen veränderte Wirbeltiere, die für wissenschaftliche Zwecke notwendig sind.

(4) Das Bundesministerium wird ermächtigt, durch Rechtsverordnung mit Zustimmung des Bundesrates

1.

    die erblich bedingten Veränderungen und Verhaltensstörungen nach Absatz 1 näher zu bestimmen,

2.

    das Züchten mit Wirbeltieren bestimmter Arten, Rassen und Linien zu verbieten oder zu beschränken, wenn dieses Züchten zu Verstößen gegen Absatz 1 führen kann.

§ 11c

Ohne Einwilligung der Erziehungsberechtigten dürfen Wirbeltiere an Kinder oder Jugendliche bis zum vollendeten 16. Lebensjahr nicht abgegeben werden.

Achter Abschnitt
Verbringungs-, Verkehrs- und Haltungsverbot

§ 12

(1) Wirbeltiere, an denen Schäden feststellbar sind, von denen anzunehmen ist, dass sie durch tierschutzwidrige Handlungen verursacht worden sind, dürfen nicht gehalten oder ausgestellt werden, soweit dies durch Rechtsverordnungen nach Absatz 2 Nr. 4 oder 5 bestimmt ist.

(2) Das Bundesministerium wird ermächtigt, durch Rechtsverordnung mit Zustimmung des Bundesrates, soweit es zum Schutz der Tiere erforderlich ist,

1. das Verbringen von Tieren oder Erzeugnissen tierischer Herkunft aus einem Staat, der nicht der Europäischen Union angehört, in das Inland (Einfuhr) von der Einhaltung von Mindestanforderungen hinsichtlich der Tierhaltung oder des Tötens von Tieren und von einer entsprechenden Bescheinigung abhängig zu machen sowie deren Inhalt, Form, Ausstellung und Aufbewahrung zu regeln,

2. die Einfuhr bestimmter Tiere von einer Genehmigung abhängig zu machen,

3. das Verbringen bestimmter Tiere aus dem Inland in einen anderen Staat zu verbieten,

4. das Verbringen von Wirbeltieren in das Inland oder das Halten, insbesondere das Ausstellen von Wirbeltieren im Inland zu verbieten, wenn an den Tieren tierschutzwidrige Amputationen vorgenommen worden sind oder die Tiere erblich bedingte körperliche Defekte, Verhaltensstörungen oder Aggressionssteigerungen im Sinne des § 11b Absatz 1 Nummer 1 oder 2 Buchstabe a aufweisen oder soweit ein Tatbestand nach § 11b Absatz 1 Nummer 2 Buchstabe b oder c erfüllt ist,

5. das Halten von Wirbeltieren, an denen Schäden feststellbar sind, von denen anzunehmen ist, dass sie den Tieren durch tierschutzwidrige Handlungen zugefügt worden sind, zu verbieten, wenn das Weiterleben der Tiere nur unter Leiden möglich ist,

6. vorzuschreiben, dass Tiere oder Erzeugnisse tierischer Herkunft nur über bestimmte Zollstellen mit zugeordneten Überwachungsstellen eingeführt oder ausgeführt werden dürfen, die das Bundesamt für Verbraucherschutz und Lebensmittelsicherheit im Einvernehmen mit dem Bundesministerium der Finanzen im Bundesanzeiger bekannt gemacht hat; das Bundesministerium der Finanzen kann die Erteilung des Einvernehmens auf die Generalzolldirektion übertragen.

Eine Rechtsverordnung nach Satz 1 Nr. 1 bis 5 kann nicht erlassen werden, soweit Unionsrecht oder völkerrechtliche Verpflichtungen entgegenstehen.

Neunter Abschnnitt
Sonstige Bestimmungen zum Schutz der Tiere

-

§ 13

(1) Es ist verboten, zum Fangen, Fernhalten oder Verscheuchen von Wirbeltieren Vorrichtungen oder Stoffe anzuwenden, wenn damit die Gefahr vermeidbarer Schmerzen, Leiden oder Schäden für Wirbeltiere verbunden ist; dies gilt nicht für die Anwendung von Vorrichtungen oder Stoffen, die auf Grund anderer Rechtsvorschriften zugelassen sind. Vorschriften des Jagdrechts, des Naturschutzrechts, des Pflanzenschutzrechts und des Seuchenrechts bleiben unberührt.

(2) Das Bundesministerium wird ermächtigt, durch Rechtsverordnung mit Zustimmung des Bundesrates zum Schutz des Wildes Maßnahmen anzuordnen, die das Wild vor vermeidbaren Schmerzen oder Schäden durch land- oder forstwirtschaftliche Arbeiten schützen.

(3) Das Bundesministerium wird ermächtigt, im Einvernehmen mit dem Bundesministerium für Wirtschaft und Energie und dem Bundesministerium für Umwelt, Naturschutz, Bau und

Reaktorsicherheit durch Rechtsverordnung mit Zustimmung des Bundesrates, soweit es zum Schutz der Tiere erforderlich ist, das Halten von Tieren wildlebender Arten, den Handel mit solchen Tieren sowie ihre Einfuhr oder ihre Ausfuhr aus dem Inland in einen Staat, der der Europäischen Union nicht angehört (Ausfuhr), zu verbieten, zu beschränken oder von einer Genehmigung abhängig zu machen. Als Genehmigungsvoraussetzung kann insbesondere gefordert werden, dass der Antragsteller die für die jeweilige Tätigkeit erforderliche Zuverlässigkeit und die erforderlichen fachlichen Kenntnisse und Fähigkeiten besitzt und nachweist sowie dass eine den Anforderungen des § 2 entsprechende Ernährung, Pflege und Unterbringung der Tiere sichergestellt ist. In der Rechtsverordnung können ferner Anforderungen an den Nachweis der erforderlichen Zuverlässigkeit und der erforderlichen fachlichen Kenntnisse und Fähigkeiten nach Satz 2 festgelegt sowie das Verfahren des Nachweises geregelt werden.

–

§ 13a

(1) Das Bundesministerium wird ermächtigt, zur Verbesserung des Tierschutzes durch Rechtsverordnung mit Zustimmung des Bundesrates Anforderungen an freiwillige Prüfverfahren zu bestimmen, mit denen nachgewiesen wird, dass serienmäßig hergestellte Aufstallungssysteme und Stalleinrichtungen zum Halten von Nutztieren und beim Schlachten verwendete Betäubungsgeräte und -anlagen über die Anforderungen dieses Gesetzes und die Mindestanforderungen der auf Grund dieses Gesetzes erlassenen Rechtsverordnungen hinausgehen. Es hat hierbei insbesondere Kriterien, Verfahren und Umfang der freiwilligen Prüfverfahren sowie Anforderungen an die Sachkunde der im Rahmen derartiger Prüfverfahren tätigen Gutachter festzulegen.

(2) Das Bundesministerium wird ermächtigt, durch Rechtsverordnung mit Zustimmung des Bundesrates zur Förderung der tierschutzgerechten Haltung das Inverkehrbringen und das Verwenden serienmäßig hergestellter Stalleinrichtungen zum Halten von Nutztieren von einer Zulassung oder Bauartzulassung abhängig zu machen. In der Rechtsverordnung nach Satz 1 können

1.
   die näheren Voraussetzungen für die Zulassung oder Bauartzulassung und deren Rücknahme, Widerruf oder Ruhen, ihre Bekanntmachung sowie das Zulassungsverfahren, insbesondere Art, Inhalt und Umfang der vorzulegenden Unterlagen oder beizubringenden Nachweise,

2.
   die Befristung der Zulassung oder Bauartzulassung,

3.
   die Folgen einer Aufhebung oder Befristung einer Zulassung oder einer Bauartzulassung im Hinblick auf das weitere Inverkehrbringen oder die weitere Verwendung in Verkehr gebrachter Stalleinrichtungen,

4.
   die Kennzeichnung der Stalleinrichtungen und das Beifügen von Gebrauchsanleitungen und deren Mindestinhalt zum Zwecke der bestimmungsgemäßen und sachgerechten Verwendung der Stalleinrichtungen,

5.
   Anforderungen an die bestimmungsgemäße und sachgerechte Verwendung der Stalleinrichtungen,

6.
   die Anerkennung und die Mitwirkung öffentlich-rechtlicher oder privatrechtlicher Einrichtungen bei der Erteilung der Zulassung oder der Bauartzulassung einschließlich des Verfahrens geregelt werden,

7.
   die Anerkennung serienmäßig hergestellter Stalleinrichtungen, die ein der Zulassung oder der Bauartzulassung entsprechendes Verfahren in einem anderen Mitgliedstaat, der Türkei

oder einem EFTA-Staat, der das EWR-Übereinkommen unterzeichnet hat, durchlaufen haben,

geregelt werden. Im Fall einer Regelung nach Satz 2 Nr. 7 kann die Anerkennung insbesondere davon abhängig gemacht werden, dass die Eigenschaften der serienmäßig hergestellten Stalleinrichtung den Anforderungen einer Rechtsverordnung nach Satz 2 Nr. 1 bis 4 gleichwertig sind.

(3) Zuständig für die Erteilung der Zulassungen oder Bauartzulassungen ist die Bundesanstalt für Landwirtschaft und Ernährung. In der Rechtsverordnung nach Absatz 2 Satz 1 ist das Verfahren der Zusammenarbeit der nach Satz 1 zuständigen Behörde mit den für die Überwachung zuständigen Behörden der Länder zu regeln.

(4) Das Bundesministerium wird ermächtigt, durch Rechtsverordnung, die nicht der Zustimmung des Bundesrates bedarf, Aufgaben und Befugnisse der nach Absatz 3 zuständigen Behörde auf eine juristische Person des privaten Rechts ganz oder teilweise zu übertragen. Die Aufgabenübertragung ist nur zulässig, soweit die juristische Person die notwendige Gewähr für die Erfüllung der Aufgaben nach diesem Gesetz bietet. Eine juristische Person bietet die notwendige Gewähr, wenn

1.

die Personen, die nach Gesetz, Satzung oder Gesellschaftsvertrag die Geschäftsführung und Vertretung der juristischen Person ausüben, zuverlässig und fachlich geeignet sind,

2.

sie die zur Erfüllung ihrer Aufgaben notwendige Ausstattung und Organisation hat.

Die fachliche Eignung im Sinne des Satzes 3 Nummer 1 ist insbesondere gegeben, wenn die Personen über eine erfolgreich abgeschlossene Berufsausbildung im Bereich der Agrarwissenschaft – Fachrichtung Tierproduktion, der Veterinärmedizin oder der Biologie – Fachrichtung Zoologie – verfügen. Durch Rechtsverordnung nach Satz 1 kann sich das Bundesministerium die Genehmigung der Satzung oder des Gesellschaftsvertrages und deren Änderungen vorbehalten.

(5) Das Bundesministerium wird ermächtigt, durch Rechtsverordnung mit Zustimmung des Bundesrates, soweit es zum Schutz der Tiere erforderlich ist, das Inverkehrbringen und das Verwenden serienmäßig hergestellter beim Schlachten verwendeter Betäubungsgeräte oder Betäubungsanlagen davon abhängig zu machen, dass die Geräte oder Anlagen zugelassen sind oder einer Bauartzulassung entsprechen, sowie die näheren Voraussetzungen für die Erteilung der Zulassung oder Bauartzulassung und das Zulassungsverfahren zu regeln. In der Rechtsverordnung nach Satz 1 können insbesondere Art, Inhalt und Umfang der vorzulegenden Unterlagen oder beizubringenden Nachweise näher bestimmt werden.

(6) Die Absätze 1 und 5 gelten nicht für das Inverkehrbringen zum Zwecke des Verbringens in einen anderen Mitgliedstaat oder der Ausfuhr in ein Drittland.

§ 13b

Die Landesregierungen werden ermächtigt, durch Rechtsverordnung zum Schutz freilebender Katzen bestimmte Gebiete festzulegen, in denen

1.

an diesen Katzen festgestellte erhebliche Schmerzen, Leiden oder Schäden auf die hohe Anzahl dieser Tiere in dem jeweiligen Gebiet zurückzuführen sind und

2.

durch eine Verminderung der Anzahl dieser Katzen innerhalb des jeweiligen Gebietes deren Schmerzen, Leiden oder Schäden verringert werden können.

In der Rechtsverordnung sind die Gebiete abzugrenzen und die für die Verminderung der Anzahl der freilebenden Katzen erforderlichen Maßnahmen zu treffen. Insbesondere können in der Rechtsverordnung

1.

29

der unkontrollierte freie Auslauf fortpflanzungsfähiger Katzen in dem jeweiligen Gebiet
verboten oder beschränkt sowie

2.

eine Kennzeichnung und Registrierung der dort gehaltenen Katzen, die unkontrollierten
freien Auslauf haben können, vorgeschrieben

werden. Eine Regelung nach Satz 3 Nummer 1 ist nur zulässig, soweit andere Maßnahmen,
insbesondere solche mit unmittelbarem Bezug auf die freilebenden Katzen, nicht ausreichen. Die
Landesregierungen können ihre Ermächtigung durch Rechtsverordnung auf andere Behörden
übertragen.

Zehnter Abschnitt
Durchführung des Gesetzes

-

§ 14

(1) Das Bundesministerium der Finanzen und die von ihm bestimmten Zollstellen wirken bei der
Überwachung der Einfuhr und Ausfuhr von Tieren mit. Die genannten Behörden können

1.

Tiere sowie deren Beförderungsmittel, Behälter, Lade- und Verpackungsmittel bei der Einfuhr
zur Überwachung anhalten,

2.

den Verdacht von Verstößen gegen Verbote und Beschränkungen dieses Gesetzes oder der
nach diesem Gesetz erlassenen Rechtsverordnungen, der sich bei der Abfertigung ergibt,
den zuständigen Behörden mitteilen,

3.

in den Fällen der Nummer 2 anordnen, dass die Tiere auf Kosten und Gefahr des
Verfügungsberechtigten der zuständigen Behörde vorgeführt werden.

(2) Das Bundesministerium der Finanzen regelt im Einvernehmen mit dem Bundesministerium
durch Rechtsverordnung ohne Zustimmung des Bundesrates die Einzelheiten des Verfahrens nach
Absatz 1. Es kann dabei insbesondere Pflichten zu Anzeigen, Anmeldungen, Auskünften und zur
Leistung von Hilfsdiensten sowie zur Duldung der Einsichtnahme in Geschäftspapiere und
sonstige Unterlagen und zur Duldung von Besichtigungen vorsehen.

-

§ 15

(1) Die Durchführung dieses Gesetzes und der auf Grund dieses Gesetzes erlassenen
Rechtsverordnungen obliegt, vorbehaltlich des § 13a Abs. 3, auch in Verbindung mit einer
Rechtsverordnung nach dessen Absatz 4, den nach Landesrecht zuständigen Behörden. Die nach
Landesrecht zuständigen Behörden berufen jeweils eine oder mehrere Kommissionen zur
Unterstützung der zuständigen Behörden bei

1.

der Entscheidung über die Genehmigung von Versuchsvorhaben und

2.

der Bewertung angezeigter Änderungen genehmigter Versuchsvorhaben, soweit dies in einer
Rechtsverordnung nach Absatz 4 vorgesehen ist.

(2) Die zuständigen Behörden sollen im Rahmen der Durchführung dieses Gesetzes oder der auf
Grund dieses Gesetzes erlassenen Rechtsverordnungen den beamteten Tierarzt als
Sachverständigen beteiligen.

(3) Im Bereich der Bundeswehr obliegt die Durchführung dieses Gesetzes und der auf Grund
dieses Gesetzes erlassenen Rechtsvorschriften den zuständigen Dienststellen der Bundeswehr.

Das Bundesministerium der Verteidigung beruft eine Kommission zur Unterstützung der zuständigen Dienststellen bei

1.
   der Entscheidung über die Genehmigung von Versuchsvorhaben und

2.
   der Bewertung angezeigter Änderungen genehmigter Versuchsvorhaben, soweit dies in einer Rechtsverordnung nach Absatz 4 vorgesehen ist.

(4) Das Bundesministerium wird ermächtigt, im Einvernehmen mit dem Bundesministerium für Bildung und Forschung durch Rechtsverordnung mit Zustimmung des Bundesrates das Nähere zu den Kommissionen nach Absatz 1 Satz 2 und Absatz 3 Satz 2 im Hinblick auf

1.
   deren Zusammensetzung, einschließlich der Sachkunde der Mitglieder,

2.
   das Verfahren der Berufung der Mitglieder und

3.
   die Abgabe von Stellungnahmen durch die Kommissionen zu Anträgen auf Genehmigung von Versuchsvorhaben und angezeigten Änderungen genehmigter Versuchsvorhaben sowie das diesbezügliche Verfahren

zu regeln. Rechtsverordnungen, die das Nähere zu der Kommission nach Absatz 3 Satz 2 regeln, bedürfen ferner des Einvernehmens des Bundesministeriums der Verteidigung.

(5) Das Bundesministerium wird ermächtigt, im Einvernehmen mit dem Bundesministerium für Bildung und Forschung durch Rechtsverordnung mit Zustimmung des Bundesrates vorzusehen, dass die zuständigen Behörden dem Bundesministerium, dem Bundesamt für Verbraucherschutz und Lebensmittelsicherheit oder dem Bundesinstitut für Risikobewertung

1.
   in Fällen von grundsätzlicher Bedeutung oder

2.
   in Fällen, in denen dies zur Durchführung des Artikels 43 oder 55 der Richtlinie 2010/63/EU erforderlich ist,

Angaben zu Entscheidungen der zuständigen Behörden über die Genehmigung von Versuchsvorhaben oder zu von den zuständigen Behörden genehmigten Versuchsvorhaben übermitteln, und dabei das Nähere über die Form und den Inhalt sowie das Verfahren der Übermittlung zu regeln. Personenbezogene Daten dürfen nicht übermittelt werden. Die Vorschriften zum Schutz des geistigen Eigentums und zum Schutz von Betriebs- und Geschäftsgeheimnissen bleiben unberührt.

-

§ 15a

Das Bundesinstitut für Risikobewertung nimmt die Aufgaben nach Artikel 49 der Richtlinie 2010/63/EU wahr. Das Bundesministerium wird ermächtigt, im Einvernehmen mit dem Bundesministerium für Bildung und Forschung durch Rechtsverordnung mit Zustimmung des Bundesrates das Nähere über die Aufgaben nach Artikel 49 der Richtlinie 2010/63/EU, einschließlich der Befugnisse des Bundesinstitutes für Risikobewertung zum Verkehr mit den zuständigen Behörden anderer Mitgliedstaaten und der Europäischen Kommission, soweit dies zur Durchführung von Rechtsakten der Europäischen Union erforderlich ist, zu regeln.

-

§ 16

(1) Der Aufsicht durch die zuständige Behörde unterliegen

1.

2. Nutztierhaltungen einschließlich Pferdehaltungen,

3. Einrichtungen, in denen Tiere geschlachtet werden,

Einrichtungen, in denen

a) Tierversuche durchgeführt werden,

b) Wirbeltiere zu den in § 6 Abs. 1 Satz 2 Nr. 4 genannten Zwecken verwendet werden oder

c) Wirbeltiere zu wissenschaftlichen Zwecken getötet werden,

4. Einrichtungen und Betriebe nach § 11 Abs. 1 Satz 1,

5. Einrichtungen und Betriebe,

a) die gewerbsmäßig Tiere transportieren,

b) in denen Tiere während des Transports ernährt, gepflegt oder untergebracht werden,

6. Zirkusbetriebe, die nicht gewerbsmäßig betrieben werden,

7. Tierhaltungen, die auf Grund einer nach § 13 Abs. 3 erlassenen Rechtsverordnung einer Genehmigung bedürfen,

8. Hersteller, Einführer und Inverkehrbringer von Stalleinrichtungen oder beim Schlachten verwendeter Betäubungsgeräte oder Betäubungsanlagen, soweit diese Personen eine Zulassung oder Bauartzulassung beantragt haben.
Einrichtungen und Betriebe nach Satz 1 Nummer 3 und § 11 Absatz 1 Satz 1 Nummer 1 und 2 werden regelmäßig und in angemessenem Umfang unter besonderer Berücksichtigung möglicher Risiken besichtigt. In Einrichtungen und Betrieben nach Satz 1 Nummer 3 soll die Besichtigung mindestens alle drei Jahre erfolgen. In Einrichtungen und Betrieben nach Satz 1 Nummer 3 und § 11 Absatz 1 Satz 1 Nummer 1 und 2, in denen Primaten gezüchtet, gehalten oder verwendet werden, soll die Besichtigung jährlich erfolgen. Die Aufzeichnungen über die Besichtigungen und deren Ergebnisse sind ab dem Zeitpunkt der jeweiligen Aufzeichnung mindestens fünf Jahre aufzubewahren.
(1a) Wer nach § 11 Absatz 1 Satz 1 Nummer 4 und 8 Buchstabe d und nach Absatz 1 Nummer 6 Tiere an wechselnden Orten zur Schau stellt, hat jeden Ortswechsel spätestens beim Verlassen des bisherigen Aufenthaltsortes der zuständigen Behörde des beabsichtigten Aufenthaltsortes nach Maßgabe des Satzes 2 anzuzeigen. In der Anzeige sind anzugeben:

1. die Art der betroffenen Tiere,

2. der Name der für die Tätigkeit verantwortlichen Person,

3. die Räume und Einrichtungen, die für die Tätigkeit bestimmt sind.
(2) Natürliche und juristische Personen und nicht rechtsfähige Personenvereinigungen haben der zuständigen Behörde auf Verlangen die Auskünfte zu erteilen, die zur Durchführung der der Behörde durch dieses Gesetz übertragenen Aufgaben erforderlich sind.
(3) Personen, die von der zuständigen Behörde beauftragt sind, sowie in ihrer Begleitung befindliche Sachverständige der Europäischen Kommission und anderer Mitgliedstaaten der Europäischen Union (Mitgliedstaaten) dürfen zum Zwecke der Aufsicht über die in Absatz 1 bezeichneten Personen und Einrichtungen und im Rahmen des Absatzes 2

1.

Grundstücke, Geschäftsräume, Wirtschaftsgebäude und Transportmittel des Auskunftspflichtigen während der Geschäfts- oder Betriebszeit betreten, besichtigen und dort zur Dokumentation Bildaufzeichnungen, mit Ausnahme von Bildaufzeichnungen von Personen, anfertigen,

2.

zur Verhütung dringender Gefahren für die öffentliche Sicherheit und Ordnung

a)

die in Nummer 1 bezeichneten Grundstücke, Räume, Gebäude und Transportmittel außerhalb der dort genannten Zeiten,

b)

Wohnräume des Auskunftspflichtigen

betreten, besichtigen sowie zur Dokumentation Bildaufzeichnungen, mit Ausnahme von Bildaufzeichnungen von Personen, anfertigen; das Grundrecht der Unverletzlichkeit der Wohnung (Artikel 13 des Grundgesetzes) wird insoweit eingeschränkt,

3.

geschäftliche Unterlagen einsehen,

4.

Tiere untersuchen und Proben, insbesondere Blut-, Harn-, Kot- und Futterproben, entnehmen,

5.

Verhaltensbeobachtungen an Tieren auch mittels Bild- oder Tonaufzeichnungen durchführen. Der Auskunftspflichtige hat die mit der Überwachung beauftragten Personen zu unterstützen, ihnen auf Verlangen insbesondere die Grundstücke, Räume, Einrichtungen und Transportmittel zu bezeichnen, Räume, Behältnisse und Transportmittel zu öffnen, bei der Besichtigung und Untersuchung der einzelnen Tiere Hilfestellung zu leisten, die Tiere aus den Transportmitteln zu entladen und die geschäftlichen Unterlagen vorzulegen. Die mit der Überwachung beauftragten Personen sind befugt, Abschriften oder Ablichtungen von Unterlagen nach Satz 1 Nummer 3 oder Ausdrucke oder Kopien von Datenträgern, auf denen Unterlagen nach Satz 1 Nummer 3 gespeichert sind, anzufertigen oder zu verlangen. Der Auskunftspflichtige hat auf Verlangen der zuständigen Behörde in Wohnräumen gehaltene Tiere vorzuführen, wenn der dringende Verdacht besteht, dass die Tiere nicht artgemäß oder verhaltensgerecht gehalten werden und ihnen dadurch erhebliche Schmerzen, Leiden oder Schäden zugefügt werden und eine Besichtigung der Tierhaltung in Wohnräumen nicht gestattet wird.

(4) Der zur Auskunft Verpflichtete kann die Auskunft auf solche Fragen verweigern, deren Beantwortung ihn selbst oder einen der in § 383 Abs. 1 Nr. 1 bis 3 der Zivilprozessordnung bezeichneten Angehörigen der Gefahr strafgerichtlicher Verfolgung oder eines Verfahrens nach dem Gesetz über Ordnungswidrigkeiten aussetzen würde.

(4a) Wer

1.

als Betreiber einer Schlachteinrichtung oder als Gewerbetreibender im Durchschnitt wöchentlich mindestens 50 Großvieheinheiten schlachtet oder

2.

Arbeitskräfte bereitstellt, die Schlachttiere zuführen, betäuben oder entbluten,

hat der zuständigen Behörde einen weisungsbefugten Verantwortlichen für die Einhaltung der Anforderungen dieses Gesetzes und der auf Grund dieses Gesetzes erlassenen Rechtsverordnungen zu benennen. Wer eine Tierhaltung, eine Einrichtung oder einen Betrieb nach Absatz 1 Nr. 1, 5 oder 6 betreibt oder führt, kann durch die zuständige Behörde im Einzelfall verpflichtet werden, einen weisungsbefugten sachkundigen Verantwortlichen für die Einhaltung der Anforderungen dieses Gesetzes und der darauf beruhenden Verordnungen zu benennen. Dies gilt nicht für Betriebe, die der Erlaubnispflicht nach § 11 Abs. 1 unterliegen.

(5) Das Bundesministerium wird ermächtigt, durch Rechtsverordnung mit Zustimmung des Bundesrates, soweit es zum Schutz der Tiere erforderlich ist, die Überwachung näher zu regeln. Es kann dabei insbesondere

1.
   die Durchführung von Untersuchungen einschließlich der Probenahme,
2.
   die Maßnahmen, die zu ergreifen sind, wenn Tiertransporte diesem Gesetz oder den auf Grund dieses Gesetzes erlassenen Rechtsverordnungen nicht entsprechen,
3.
   Einzelheiten der Duldungs-, Unterstützungs- und Vorlagepflichten und
4.
   Pflichten zur Aufzeichnung und zur Aufbewahrung von Unterlagen

regeln. Rechtsverordnungen nach Satz 2 Nummer 4 bedürfen, soweit sich die Regelungen auf Tiere beziehen, die zur Verwendung in Tierversuchen bestimmt sind oder deren Gewebe oder Organe dazu bestimmt sind, zu wissenschaftlichen Zwecken verwendet zu werden, des Einvernehmens des Bundesministeriums für Bildung und Forschung.

(6) Personenbezogene Daten dürfen nur erhoben oder verwendet werden, soweit die Erhebung oder Verwendung zur Erfüllung von Aufgaben erforderlich ist, die der verantwortlichen Stelle nach diesem Gesetz oder nach einer auf Grund dieses Gesetzes erlassenen Rechtsverordnung obliegen. Das Bundesministerium wird ermächtigt, durch Rechtsverordnung mit Zustimmung des Bundesrates die Einzelheiten der Datenerhebung und -verwendung zu regeln. Das Bundesministerium wird ferner ermächtigt, durch Rechtsverordnung mit Zustimmung des Bundesrates die Einrichtung und Führung von Registern zu regeln, aus denen die zuständigen Behörden die für die Überwachung von Betrieben nach § 11 Absatz 1 Satz 1 Nummer 8 Buchstabe d mit wechselnden Standorten erforderlichen personenbezogenen Daten automatisiert abrufen können. In den Registern dürfen nur folgende personenbezogene Daten gespeichert werden:

1.
   Daten zur Identifizierung und Erreichbarkeit des Inhabers der Erlaubnis nach § 11 Absatz 1 Satz 1 Nummer 8 Buchstabe d und der für die Tätigkeit verantwortlichen Person nach Absatz 1a Satz 2 Nummer 2,
2.
   Daten zur Identifizierung und Erreichbarkeit des Betriebes nach Absatz 1 Satz 1 Nummer 4 in Verbindung mit § 11 Absatz 1 Satz 1 Nummer 8 Buchstabe d und des Inhabers des Betriebes,
3.
   der Inhalt der Erlaubnis nach § 11 Absatz 1 Satz 1 Nummer 8 Buchstabe d und etwaiger Nebenbestimmungen sowie die Anschrift der erteilenden Behörde,
4.
   Ergebnisse durchgeführter Kontrollen und Namen der kontrollierenden Personen,
5.
   auf Grund der Kontrolle erlassene vollziehbare Anordnungen und Maßnahmen des Verwaltungszwangs sowie die Angabe, inwieweit diesen nachgekommen worden ist und
6.
   die unanfechtbare Ablehnung eines Antrags auf Erteilung, die Rücknahme und der Widerruf einer Erlaubnis nach § 11 Absatz 1 Satz 1 Nummer 8 Buchstabe d.

Im Übrigen bleiben das Bundesdatenschutzgesetz und die Datenschutzgesetze der Länder unberührt.

(6a) Die nach Landesrecht für die Lebensmittelüberwachung, die Tierarzneimittelüberwachung und die für die Erhebung der Daten nach tierseuchenrechtlichen Vorschriften über den Verkehr mit Vieh für die Anzeige und die Registrierung Vieh haltender Betriebe zuständigen Behörden übermitteln der für die Überwachung nach § 15 Absatz 1 Satz 1 zuständigen Behörde auf Ersuchen die zu deren Aufgabenerfüllung erforderlichen Daten. Die Daten dürfen für die Dauer von drei Jahren aufbewahrt werden. Die Frist beginnt mit Ablauf desjenigen Jahres, in dem die Daten übermittelt worden sind. Nach Ablauf der Frist sind die Daten zu löschen. Fristen zur Aufbewahrung, die sich aus anderen Rechtsvorschriften ergeben, bleiben unberührt.

(7) Bestehen bei der zuständigen Behörde erhebliche Zweifel, ob bei bestimmungsgemäßem Gebrauch serienmäßig hergestellte Aufstallungssysteme und Stalleinrichtungen zum Halten

landwirtschaftlicher Nutztiere und beim Schlachten verwendete Betäubungsgeräte und -anlagen den Anforderungen dieses Gesetzes sowie der auf Grund dieses Gesetzes erlassenen Rechtsverordnungen entsprechen, kann dem Hersteller oder Anbieter aufgegeben werden, auf seine Kosten eine gutachterliche Stellungnahme einer einvernehmlich zu benennenden unabhängigen Sachverständigenstelle oder Person beizubringen, soweit er nicht auf den erfolgreichen Abschluss einer freiwilligen Prüfung nach Maßgabe einer nach § 13a Abs. 1 erlassenen Rechtsverordnung verweisen kann. Satz 1 gilt nicht, soweit Stalleinrichtungen auf Grund einer Rechtsverordnung nach § 13a Abs. 2 oder Betäubungsgeräte oder Betäubungsanlagen auf Grund einer Rechtsverordnung nach § 13a Abs. 5 zugelassen oder bauartzugelassen sind.

§ 16a

(1) Die zuständige Behörde trifft die zur Beseitigung festgestellter Verstöße und die zur Verhütung künftiger Verstöße notwendigen Anordnungen. Sie kann insbesondere

1.

im Einzelfall die zur Erfüllung der Anforderungen des § 2 erforderlichen Maßnahmen anordnen,

2.

ein Tier, das nach dem Gutachten des beamteten Tierarztes mangels Erfüllung der Anforderungen des § 2 erheblich vernachlässigt ist oder schwerwiegende Verhaltensstörungen aufzeigt, dem Halter fortnehmen und so lange auf dessen Kosten anderweitig pfleglich unterbringen, bis eine den Anforderungen des § 2 entsprechende Haltung des Tieres durch den Halter sichergestellt ist; ist eine anderweitige Unterbringung des Tieres nicht möglich oder ist nach Fristsetzung durch die zuständige Behörde eine den Anforderungen des § 2 entsprechende Haltung durch den Halter nicht sicherzustellen, kann die Behörde das Tier veräußern; die Behörde kann das Tier auf Kosten des Halters unter Vermeidung von Schmerzen töten lassen, wenn die Veräußerung des Tieres aus rechtlichen oder tatsächlichen Gründen nicht möglich ist oder das Tier nach dem Urteil des beamteten Tierarztes nur unter nicht behebbaren erheblichen Schmerzen, Leiden oder Schäden weiterleben kann,

3.

demjenigen, der den Vorschriften des § 2, einer Anordnung nach Nummer 1 oder einer Rechtsverordnung nach § 2a wiederholt oder grob zuwidergehandelt und dadurch den von ihm gehaltenen oder betreuten Tieren erhebliche oder länger anhaltende Schmerzen oder Leiden oder erhebliche Schäden zugefügt hat, das Halten oder Betreuen von Tieren einer bestimmten oder jeder Art untersagen oder es von der Erlangung eines entsprechenden Sachkundenachweises abhängig machen, wenn Tatsachen die Annahme rechtfertigen, dass er weiterhin derartige Zuwiderhandlungen begehen wird; auf Antrag ist ihm das Halten oder Betreuen von Tieren wieder zu gestatten, wenn der Grund für die Annahme weiterer Zuwiderhandlungen entfallen ist,

4.

die Einstellung von Tierversuchen anordnen, die ohne die erforderliche Genehmigung oder entgegen einem tierschutzrechtlichen Verbot durchgeführt werden.

(2) Die zuständige Behörde untersagt die Durchführung eines nach § 8a Absatz 1 oder 3 oder eines auf Grund einer Rechtsverordnung nach § 8a Absatz 4 anzuzeigenden Versuchsvorhabens oder die Vornahme einer auf Grund einer Rechtsverordnung nach § 8 Absatz 3 Nummer 4 oder § 8a Absatz 5 Nummer 4 anzuzeigenden Änderung eines Versuchsvorhabens, soweit die Einhaltung der für die Durchführung von Tierversuchen geltenden Vorschriften dieses Gesetzes und der auf Grund dieses Gesetzes erlassenen Rechtsverordnungen nicht sichergestellt ist und diesem Mangel nicht innerhalb einer von der zuständigen Behörde gesetzten Frist abgeholfen worden ist.

(3) Die zuständige Behörde trifft die erforderlichen Anordnungen um sicherzustellen, dass

35

1.
>   die Anordnung der Einstellung von Tierversuchen, die Untersagung der Durchführung von Versuchsvorhaben oder der Widerruf oder die Rücknahme der Genehmigung eines Versuchsvorhabens keine nachteiligen Auswirkungen auf das Wohlergehen der Tiere hat, die in den Tierversuchen oder Versuchsvorhaben verwendet werden oder verwendet werden sollen, und

2.
>   die Untersagung der Ausübung einer Tätigkeit nach § 11 Absatz 1 Satz 1 Nummer 1 oder die Rücknahme oder der Widerruf einer Erlaubnis nach § 11 Absatz 1 Satz 1 Nummer 1 keine negativen Auswirkungen auf das Wohlergehen der Tiere hat, die in den der jeweiligen Tätigkeit dienenden Betrieben oder Einrichtungen gehalten werden.

-

§ 16b

(1) Das Bundesministerium beruft eine Tierschutzkommission zu seiner Unterstützung in Fragen des Tierschutzes. Vor dem Erlass von Rechtsverordnungen und allgemeinen Verwaltungsvorschriften nach diesem Gesetz hat das Bundesministerium die Tierschutzkommission anzuhören.
(2) Das Bundesministerium wird ermächtigt, durch Rechtsverordnung ohne Zustimmung des Bundesrates das Nähere über Zusammensetzung, Berufung der Mitglieder, Aufgaben und Geschäftsführung der Tierschutzkommission zu regeln.

-

§ 16c

Das Bundesministerium wird ermächtigt, durch Rechtsverordnung mit Zustimmung des Bundesrates Personen, Einrichtungen und Betriebe, die Tierversuche an Wirbeltieren oder Kopffüßern durchführen oder die Wirbeltiere nach § 4 Absatz 3 verwenden, sowie Einrichtungen und Betriebe, in denen Wirbeltiere oder Kopffüßer für die genannten Zwecke gezüchtet oder zum Zwecke der Abgabe an Dritte gehalten werden,

1.
>   zu verpflichten, in bestimmten, regelmäßigen Zeitabständen der zuständigen Behörde Angaben über
>   a)
>   >   Art, Herkunft und Zahl der verwendeten Tiere und
>   b)
>   >   den Zweck und die Art der Versuche oder sonstigen Verwendungen einschließlich des Schweregrads nach Artikel 15 Absatz 1 der Richtlinie 2010/63/EU
>   zu melden und

2.
>   das Melde- und Übermittlungsverfahren zu regeln.

-

§ 16d

Das Bundesministerium erlässt mit Zustimmung des Bundesrates die allgemeinen Verwaltungsvorschriften, die zur Durchführung dieses Gesetzes und der auf Grund dieses Gesetzes erlassenen Rechtsverordnungen erforderlich sind.

-

§ 16e

Die Bundesregierung erstattet dem Deutschen Bundestag alle vier Jahre einen Bericht über den Stand der Entwicklung des Tierschutzes.

-

§ 16f

(1) Die zuständigen Behörden

1.

erteilen der zuständigen Behörde eines anderen Mitgliedstaates auf begründetes Ersuchen Auskünfte und übermitteln die erforderlichen Schriftstücke, um ihr die Überwachung der Einhaltung tierschutzrechtlicher Vorschriften zu ermöglichen,

2.

überprüfen die von der ersuchenden Behörde mitgeteilten Sachverhalte und teilen ihr das Ergebnis der Prüfung mit.

(2) Die zuständigen Behörden erteilen der zuständigen Behörde eines anderen Mitgliedstaates unter Beifügung der erforderlichen Schriftstücke Auskünfte, die für die Überwachung in diesem Mitgliedstaat erforderlich sind, insbesondere bei Verstößen oder Verdacht auf Verstöße gegen tierschutzrechtliche Vorschriften.

(3) Die zuständigen Behörden können, soweit dies zum Schutz der Tiere erforderlich oder durch Rechtsakte der Europäischen Gemeinschaft oder der Europäischen Union vorgeschrieben ist, Daten, die sie im Rahmen der Überwachung gewonnen haben, den zuständigen Behörden anderer Länder und anderer Mitgliedstaaten, dem Bundesministerium, dem Bundesamt für Verbraucherschutz und Lebensmittelsicherheit und der Kommission der Europäischen Gemeinschaft oder der Europäischen Union mitteilen.

-

§ 16g

(1) Der Verkehr mit den zuständigen Behörden anderer Mitgliedstaaten und der Europäischen Kommission obliegt dem Bundesministerium. Es kann diese Befugnis durch Rechtsverordnung ohne Zustimmung des Bundesrates auf das Bundesamt für Verbraucherschutz und Lebensmittelsicherheit und durch Rechtsverordnung mit Zustimmung des Bundesrates auf die zuständigen obersten Landesbehörden übertragen. Ferner kann es im Einzelfall im Benehmen mit der zuständigen obersten Landesbehörde dieser die Befugnis übertragen. Die obersten Landesbehörden können die Befugnis nach den Sätzen 2 und 3 auf andere Behörden übertragen.

(2) Abweichend von Absatz 1 Satz 1 obliegt im Falle des Artikels 47 Absatz 5 der Richtlinie 2010/63/EU der Verkehr mit den zuständigen Behörden anderer Mitgliedstaaten und der Europäischen Kommission dem Bundesinstitut für Risikobewertung, soweit sich das Bundesministerium im Einzelfall nicht etwas anderes vorbehält.

-

§ 16h

Die §§ 16f und 16g gelten entsprechend für Staaten, die - ohne Mitgliedstaaten zu sein - Vertragsstaaten des Abkommens über den Europäischen Wirtschaftsraum sind.

-

§ 16i

(1) Ist eine von der zuständigen Behörde getroffene Maßnahme, die sich auf die Durchführung von Tiertransporten aus anderen Mitgliedstaaten bezieht, zwischen ihr und dem

Verfügungsberechtigten streitig, so können beide Parteien einvernehmlich den Streit durch den Schiedsspruch eines Sachverständigen schlichten lassen. Die Streitigkeit ist binnen eines Monats nach Bekanntgabe der Maßnahme einem Sachverständigen zu unterbreiten, der in einem von der Europäischen Kommission aufgestellten Verzeichnis aufgeführt ist. Der Sachverständige hat das Gutachten binnen 72 Stunden zu erstatten.

(2) Auf den Schiedsvertrag und das schiedsgerichtliche Verfahren finden die Vorschriften der §§ 1025 bis 1065 der Zivilprozessordnung entsprechende Anwendung. Gericht im Sinne des § 1062 der Zivilprozessordnung ist das zuständige Verwaltungsgericht, Gericht im Sinne des § 1065 der Zivilprozessordnung das zuständige Oberverwaltungsgericht. Abweichend von § 1059 Abs. 3 Satz 1 der Zivilprozessordnung muss der Aufhebungsantrag innerhalb eines Monats bei Gericht eingereicht werden.

-

§ 16j

Verwaltungsverfahren nach diesem Gesetz können in den Ländern über eine einheitliche Stelle abgewickelt werden.

Elfter Abschnitt
Straf- und Bußgeldvorschriften

-

§ 17

Mit Freiheitsstrafe bis zu drei Jahren oder mit Geldstrafe wird bestraft, wer

1.

    ein Wirbeltier ohne vernünftigen Grund tötet oder

2.

    einem Wirbeltier

    a)

        aus Rohheit erhebliche Schmerzen oder Leiden oder

    b)

        länger anhaltende oder sich wiederholende erhebliche Schmerzen oder Leiden

    zufügt.

-

§ 18

(1) Ordnungswidrig handelt, wer vorsätzlich oder fahrlässig

1.

    einem Wirbeltier, das er hält, betreut oder zu betreuen hat, ohne vernünftigen Grund erhebliche Schmerzen, Leiden oder Schäden zufügt,

2.

    (weggefallen)

3.

    einer

    a)

        nach § 2a oder § 9 Absatz 2, 3, 4 oder 6 Satz 2, jeweils auch in Verbindung mit § 6 Absatz 1a Satz 1 Nummer 2, oder

    b)

        nach den §§ 4b, 5 Abs. 4, § 6 Abs. 4, § 8a Absatz 4 oder 5 Nummer 1, 2, 3 oder Nummer 4, § 9 Absatz 1 und 5 Satz 2, auch in Verbindung mit § 6 Absatz 1a Satz 1

38

Nummer 2 oder § 9 Absatz 6 Satz 2, § 10 Absatz 2 Satz 2, § 11 Absatz 3, § 11a Absatz 2, 3 Satz 3 oder Absatz 5, § 11b Absatz 4 Nummer 2, § 12 Abs. 2, § 13 Abs. 2 oder 3, §§ 13a, 14 Abs. 2, § 16 Abs. 5 Satz 1 oder § 16c erlassenen Rechtsverordnung zuwiderhandelt, soweit sie für einen bestimmten Tatbestand auf diese Bußgeldvorschrift verweist,

4.

einem Verbot nach § 3 Satz 1 zuwiderhandelt,

5.

entgegen § 4 Abs. 1 ein Wirbeltier tötet,

5a.

entgegen § 4 Absatz 3 Satz 2 einen Hund, eine Katze oder einen Primaten tötet,

6.

entgegen § 4a Abs. 1 ein warmblütiges Tier schlachtet,

7.

entgegen § 5 Abs. 1 Satz 1 einen Eingriff ohne Betäubung vornimmt oder, ohne Tierarzt zu sein, entgegen § 5 Abs. 1 Satz 2 eine Betäubung vornimmt,

8.

einem Verbot nach § 6 Abs. 1 Satz 1 zuwiderhandelt oder entgegen § 6 Abs. 1 Satz 3 einen Eingriff vornimmt,

9.

(weggefallen)

9a.

entgegen § 6 Absatz 1a Satz 2 oder Satz 3 zweiter Halbsatz eine Anzeige nicht, nicht richtig, nicht vollständig oder nicht rechtzeitig erstattet,

10.

entgegen § 6 Abs. 2 elastische Ringe verwendet,

11.

entgegen § 7a Absatz 3 oder 4 Satz 1 Tierversuche durchführt,

12.

Versuche an Wirbeltieren ohne die nach § 8 Absatz 1 Satz 1 erforderliche Genehmigung durchführt,

13.

(weggefallen)

14.

(weggefallen)

15.

(weggefallen)

16.

(weggefallen)

17.

entgegen § 9 Absatz 6 Satz 1 Nummer 1 Buchstabe b, auch in Verbindung mit § 6 Absatz 1a Satz 1 Nummer 1, nicht sicherstellt, dass die Vorschrift des § 7 Absatz 1 Satz 3 eingehalten wird,

18.

(weggefallen)

19.

(weggefallen)

20.

eine Tätigkeit ohne die nach § 11 Abs. 1 Satz 1 erforderliche Erlaubnis ausübt oder einer mit einer solchen Erlaubnis verbundenen vollziehbaren Auflage zuwiderhandelt,

20a.

einer vollziehbaren Anordnung nach § 11 Absatz 5 Satz 6 oder § 16a Absatz 1 Satz 2 Nummer 1, 3 oder Nummer 4 oder Absatz 2 oder 3 zuwiderhandelt,

20b.

entgegen § 11 Absatz 6 Satz 1 in Verbindung mit einer Rechtsverordnung nach § 11 Absatz 6 Satz 2 Nummer 1 eine Anzeige nicht, nicht richtig, nicht vollständig oder nicht rechtzeitig erstattet,

21.

(weggefallen)

21a.

entgegen § 11a Absatz 4 Satz 1 ein Wirbeltier einführt,

22.

Wirbeltiere entgegen § 11b Abs. 1 züchtet oder durch biotechnische Maßnahmen verändert,

23.

entgegen § 11c ein Wirbeltier an Kinder oder Jugendliche bis zum vollendeten 16. Lebensjahr abgibt,

24.

(weggefallen),

25.

entgegen § 13 Abs. 1 Satz 1 eine Vorrichtung oder einen Stoff anwendet,

25a.

entgegen § 16 Abs. 1a Satz 1 eine Anzeige nicht, nicht richtig, nicht vollständig oder nicht rechtzeitig erstattet,

26.

entgegen § 16 Abs. 2 eine Auskunft nicht, nicht richtig oder nicht vollständig erteilt oder einer Duldungs- oder Mitwirkungspflicht nach § 16 Abs. 3 Satz 2, auch in Verbindung mit einer Rechtsverordnung nach § 16 Abs. 5 Satz 2 Nr. 3, zuwiderhandelt oder

27.

(weggefallen).

(2) Ordnungswidrig handelt auch, wer, abgesehen von den Fällen des Absatzes 1 Nr. 1, einem Tier ohne vernünftigen Grund erhebliche Schmerzen, Leiden oder Schäden zufügt.

(3) Ordnungswidrig handelt auch, wer vorsätzlich oder fahrlässig

1.

einer unmittelbar geltenden Vorschrift in Rechtsakten der Europäischen Gemeinschaft oder der Europäischen Union zuwiderhandelt, die inhaltlich einem in

a)

Absatz 1 Nummer 4 bis 8, 11, 12, 17, 22 und 25 bezeichneten Gebot oder Verbot entspricht, soweit eine Rechtsverordnung nach § 18a Nr. 1 für einen bestimmten Tatbestand auf diese Bußgeldvorschriften verweist,

b)

Absatz 1 Nummer 9a, 10, 21a, 23 und 25a bezeichneten Gebot oder Verbot entspricht, soweit eine Rechtsverordnung nach § 18a Nr. 2 für einen bestimmten Tatbestand auf diese Bußgeldvorschrift verweist, oder

2.

einer unmittelbar geltenden Vorschrift in Rechtsakten der Europäischen Gemeinschaft oder der Europäischen Union zuwiderhandelt, die inhaltlich einer Regelung entspricht, zu der die in Absatz 1

a)

Nr. 3 Buchstabe a genannte Vorschrift ermächtigt, soweit eine Rechtsverordnung nach § 18a Nr. 1 für einen bestimmten Tatbestand auf diese Bußgeldvorschrift verweist,

b)

Nr. 3 Buchstabe b genannten Vorschriften ermächtigen, soweit eine Rechtsverordnung nach § 18a Nr. 2 für einen bestimmten Tatbestand auf diese Bußgeldvorschrift verweist.

(4) Die Ordnungswidrigkeit kann in den Fällen des Absatzes 1 Nummer 1 und 3 Buchstabe a, Nummer 4 bis 8, 11, 12, 17, 20, 20a, 22 und 25, des Absatzes 2 sowie des Absatzes 3 Nummer 1 Buchstabe a und Nummer 2 Buchstabe a mit einer Geldbuße bis zu fünfundzwanzigtausend Euro, in den übrigen Fällen mit einer Geldbuße bis zu fünftausend Euro geahndet werden.

§ 18a

Das Bundesministerium wird ermächtigt, soweit dies zur Durchsetzung der Rechtsakte der Europäischen Gemeinschaft oder der Europäischen Union erforderlich ist, durch Rechtsverordnung ohne Zustimmung des Bundesrates die Tatbestände zu bezeichnen, die als Ordnungswidrigkeit nach

1.

§ 18 Abs. 3 Nr. 1 Buchstabe a oder Nr. 2 Buchstabe a oder

2.

§ 18 Abs. 3 Nr. 1 Buchstabe b oder Nr. 2 Buchstabe b

geahndet werden können.

-

§ 19

(1) Tiere, auf die sich

1.

eine Straftat nach den §§ 17, 20 Absatz 3 oder § 20a Absatz 3 oder

2.

eine Ordnungswidrigkeit nach § 18 Absatz 1 Nummer 1 oder 3, soweit die Ordnungswidrigkeit eine Rechtsverordnung nach den §§ 2a, 5 Absatz 4, § 9 Absatz 1 bis 3, 4 Satz 2 oder Absatz 6 Satz 2, § 11b Absatz 4 Nummer 2 oder § 12 Absatz 2 Nummer 4 oder 5 betrifft, Nummer 4, 8, 12, 17, 20a, 21a, 22 oder Nummer 23

bezieht, können eingezogen werden.

(2) Ferner können Tiere eingezogen werden, auf die sich eine Ordnungswidrigkeit

1.

nach § 18 Abs. 3 Nr. 1 bezieht, soweit die Ordnungswidrigkeit eine unmittelbar geltende Vorschrift in Rechtsakten der Europäischen Gemeinschaft oder der Europäischen Union betrifft, die inhaltlich einem in § 18 Absatz 1 Nummer 4, 8, 12, 17, 21a, 22 oder Nummer 23 bezeichneten Gebot oder Verbot entspricht,

2.

nach § 18 Abs. 3 Nr. 2 bezieht, soweit die Ordnungswidrigkeit eine unmittelbar geltende Vorschrift in Rechtsakten der Europäischen Gemeinschaft oder der Europäischen Union betrifft, die inhaltlich einer Rechtsverordnung nach den §§ 2a, 5 Abs. 4, § 9 Absatz 1 bis 4 oder Absatz 6 Satz 2, § 11b Absatz 4 Nummer 2 oder § 12 Abs. 2 Nr. 4 oder 5 entspricht.

-

§ 20

(1) Wird jemand wegen einer nach § 17 rechtswidrigen Tat verurteilt oder nur deshalb nicht verurteilt, weil seine Schuldunfähigkeit erwiesen oder nicht auszuschließen ist, so kann ihm das Gericht das Halten oder Betreuen von sowie den Handel oder den sonstigen berufsmäßigen Umgang mit Tieren jeder oder einer bestimmten Art für die Dauer von einem Jahr bis zu fünf Jahren oder für immer verbieten, wenn die Gefahr besteht, dass er weiterhin eine nach § 17 rechtswidrige Tat begehen wird.

(2) Das Verbot wird mit Rechtskraft des Urteils oder des Strafbefehls wirksam. In die Verbotsfrist wird die Zeit, in welcher der Täter in einer Anstalt verwahrt wird, nicht eingerechnet. Ergibt sich nach der Anordnung des Verbots Grund zu der Annahme, dass die Gefahr, der Täter werde nach § 17 rechtswidrige Taten begehen, nicht mehr besteht, so kann das Gericht das Verbot aufheben, wenn es mindestens sechs Monate gedauert hat.

(3) Wer einem Verbot nach Absatz 1 zuwiderhandelt, wird mit Freiheitsstrafe bis zu einem Jahr oder mit Geldstrafe bestraft.

‐

§ 20a

(1) Sind dringende Gründe für die Annahme vorhanden, dass ein Verbot nach § 20 angeordnet werden wird, so kann der Richter dem Beschuldigten durch Beschluss das Halten oder Betreuen von sowie den Handel oder den sonstigen berufsmäßigen Umgang mit Tieren jeder oder einer bestimmten Art vorläufig verbieten.
(2) Das vorläufige Verbot nach Absatz 1 ist aufzuheben, wenn sein Grund weggefallen ist oder wenn das Gericht im Urteil oder im Strafbefehl ein Verbot nach § 20 nicht anordnet.
(3) Wer einem Verbot nach Absatz 1 zuwiderhandelt, wird mit Freiheitsstrafe bis zu einem Jahr oder mit Geldstrafe bestraft.

Zwölfter Abschnitt
Übergangs- und Schlussvorschriften

‐

§ 21

(1) Bis zum Ablauf des 31. Dezember 2018 ist abweichend von § 5 Absatz 1 Satz 1 eine Betäubung nicht erforderlich für das Kastrieren von unter acht Tage alten männlichen Schweinen, sofern kein von der normalen anatomischen Beschaffenheit abweichender Befund vorliegt. Die Bundesregierung erstattet dem Deutschen Bundestag spätestens bis zum 31. Dezember 2016 einen Bericht über den Stand der Entwicklung alternativer Verfahren und Methoden zur betäubungslosen Ferkelkastration.
(1a) Bis zum Ablauf des 31. Dezember 2018 ist abweichend von § 5 Absatz 1 Satz 1 eine Betäubung nicht erforderlich für die Kennzeichnung von Pferden durch Schenkelbrand.
(2) (weggefallen)
(3) Im Falle von Tierversuchen nach § 7 Absatz 2 Satz 1, auch in Verbindung mit Satz 2,

1.

deren Genehmigung vor dem 13. Juli 2013 nach den Vorschriften dieses Gesetzes in der bis zum 13. Juli 2013 geltenden Fassung unter Einhaltung der Anforderungen nach dessen § 8 Absatz 2 beantragt oder

2.

deren Durchführung vor dem 13. Juli 2013 nach den Vorschriften dieses Gesetzes in der bis zum 13. Juli 2013 geltenden Fassung angezeigt und von der zuständigen Behörde nicht beanstandet

worden ist, sind abweichend von den §§ 6 bis 10 bis zum 1. Januar 2018 die Vorschriften dieses Gesetzes in der bis zum 13. Juli 2013 geltenden Fassung weiter anzuwenden.
(4) Die Erlaubnis nach § 11 Absatz 1 Satz 1 Nummer 1 und 2 gilt demjenigen,

1.

der am 12. Juli 2013 eine im Sinne der vorgenannten Vorschriften erlaubnispflichtige Tätigkeit ausübt und

2.

dem, soweit es sich dabei um eine nach diesem Gesetz in der bis zum 13. Juli 2013 geltenden Fassung erlaubnispflichtige Tätigkeit handelt, vor dem 13. Juli 2013 eine entsprechende Erlaubnis erteilt worden ist,

als vorläufig erteilt. Die vorläufige Erlaubnis erlischt,

1.

wenn nicht bis zum 1. Januar 2014 die Erteilung einer endgültigen Erlaubnis beantragt wird oder

2.

im Falle rechtzeitiger Antragstellung mit Eintritt der Unanfechtbarkeit der Entscheidung über den Antrag.

(4a) § 11 Absatz 1 Satz 1 Nummer 5 ist ab dem 1. August 2014 anzuwenden.

(4b) § 11 Absatz 1 Nummer 8 Buchstabe f ist ab dem 1. August 2014 anzuwenden.

(5) Bis zum Erlass einer Rechtsverordnung nach § 11 Absatz 2 oder 6 Satz 2 ist § 11 Absatz 1 Satz 2 und 3, Absatz 2, 2a, 5 und 6 in der bis zum 13. Juli 2013 geltenden Fassung weiter anzuwenden mit der Maßgabe, dass

1.

auch derjenige, der Tierbörsen durchführt, ab dem 1. August 2014 die Anforderungen des § 11 Absatz 2 Nummer 1 in der vorstehend bezeichneten Fassung erfüllen muss und

2.

derjenige, der gewerbsmäßig mit Wirbeltieren, außer landwirtschaftlichen Nutztieren, handelt, ab dem 1. August 2014 sicherzustellen hat, dass bei der erstmaligen Abgabe eines Wirbeltieres einer bestimmten Art an den jeweiligen künftigen Tierhalter mit dem Tier schriftliche Informationen über die wesentlichen Bedürfnisse des Tieres, insbesondere im Hinblick auf seine angemessene Ernährung und Pflege sowie verhaltensgerechte Unterbringung und artgemäße Bewegung, übergeben werden; dies gilt nicht bei der Abgabe an den Inhaber einer Erlaubnis nach § 11 Absatz 1 Satz 1 Nummer 3 Buchstabe b in der vorstehend bezeichneten Fassung.

Bis zum Erlass einer Rechtsverordnung nach § 11 Absatz 2 Satz 1 Nummer 1 ist im Rahmen des § 11 Absatz 5 Satz 5 darauf abzustellen, ob der Antragsteller den Anforderungen des § 11 Absatz 1 Satz 2 und 3 in der bis zum 13. Juli 2013 geltenden Fassung nachgekommen ist.

(6) § 11 Absatz 8 ist ab dem 1. Februar 2014 anzuwenden.

-

§ 21a

Rechtsverordnungen nach diesem Gesetz können auch zur Durchführung von Rechtsakten der Europäischen Gemeinschaft oder der Europäischen Union auf dem Gebiet des Tierschutzes erlassen werden.

-

§ 21b

Das Bundesministerium wird ermächtigt, durch Rechtsverordnung mit Zustimmung des Bundesrates Verweisungen auf Vorschriften in Rechtsakten der Europäischen Gemeinschaft oder der Europäischen Union in diesem Gesetz oder in auf Grund dieses Gesetzes erlassenen Rechtsverordnungen zu ändern, soweit es zur Anpassung an Änderungen dieser Vorschriften erforderlich ist.

-

§ 21c

(1) Die nach § 13a Abs. 3, auch in Verbindung mit einer Rechtsverordnung nach Abs. 4, zuständige Behörde erhebt für individuell zurechenbare öffentliche Leistungen nach diesem Gesetz oder auf Grund dieses Gesetzes erlassener Rechtsverordnungen Gebühren und Auslagen.

(2) Das Bundesministerium wird ermächtigt, durch Rechtsverordnung, die nicht der Zustimmung des Bundesrates bedarf, die gebührenpflichtigen Tatbestände zu bestimmen und dabei feste Sätze oder Rahmensätze vorzusehen. Die Gebührensätze sind so zu bemessen, dass der mit den individuell zurechenbaren öffentlichen Leistungen verbundene Personal- und Sachaufwand

gedeckt wird. Bei der Bemessung der Höhe der Gebühr ist auch der mit den Mitwirkungshandlungen beteiligter Prüfeinrichtungen verbundene Aufwand zu berücksichtigen. Die zu erstattenden Auslagen können abweichend vom Bundesgebührengesetz geregelt werden.

-

§ 21d

Rechtsverordnungen nach diesem Gesetz können abweichend von § 2 Absatz 1 des Verkündungs- und Bekanntmachungsgesetzes im Bundesanzeiger verkündet werden.

-

§ 22

(Inkrafttreten)

Verordnung zum Schutz landwirtschaftlicher Nutztiere und anderer zur Erzeugung tierischer Produkte gehaltener Tiere bei ihrer Haltung

(Tierschutz-Nutztierhaltungsverordnung - TierSchNutztV)

Ausfertigungsdatum: 25.10.2001

"Tierschutz-Nutztierhaltungsverordnung in der Fassung der Bekanntmachung vom 22. August 2006 (BGBl. I S. 2043), die zuletzt durch Artikel 1 der Verordnung vom 14. April 2016 (BGBl. I S. 758) geändert worden ist".Neugefasst durch Bek. v. 22.8.2006 I 2043; Zuletzt geändert durch Art. 1 V v. 14.4.2016 I 758

Diese Verordnung dient der Umsetzung folgender Rechtsakte:

1.

Richtlinie 98/58/EG des Rates vom 20. Juli 1998 über den Schutz landwirtschaftlicher Nutztiere (ABl. EG Nr. L 221 S. 23), geändert durch die Verordnung (EG) Nr. 806/2003 des Rates vom 14. April 2003 (ABl. EU Nr. L 122 S 1),

2.

Richtlinie 91/629/EWG des Rates vom 19. November 1991 über Mindestanforderungen für den Schutz von Kälbern (ABl. EG Nr. L 340 S. 28), zuletzt geändert durch die Verordnung (EG) Nr. 806/2003 des Rates vom 14. April 2003 (ABl. EU Nr. L 122 S 1),

3.

Richtlinie 1999/74/EG des Rates vom 19. Juli 1999 zur Festlegung von Mindestanforderungen zum Schutz von Legehennen (ABl. EG Nr. L 203 S. 53), zuletzt geändert durch die Richtlinie 2013/64/EU (ABl. L 353 vom 28.12.2013, S. 8),

4.

Richtlinie 91/630/EWG des Rates vom 19. November 1991 über Mindestanforderungen für den Schutz von Schweinen (ABl. EG Nr. L 340 S. 33), geändert durch die Verordnung (EG) Nr. 806/2003 des Rates vom 14. April 2003 (ABl. EU Nr. L 122 S 1).

5.

Richtlinie 2007/43/EG des Rates vom 28. Juni 2007 mit Mindestvorschriften zum Schutz von Masthühnern (ABl. L 182 vom 12.7.2007, S 19).

Die Verpflichtungen aus der Richtlinie 98/34/EG des Europäischen Parlaments und des Rates vom 22. Juni 1998 über ein Informationsverfahren auf dem Gebiet der Normen und technischen Vorschriften und der Vorschriften für die Dienste der Informationsgesellschaft (ABl. EG Nr. L 204 S. 37), geändert durch die Richtlinie 98/48/EG des Europäischen Parlaments und des Rates vom 20. Juli 1998 (ABl. EG Nr. L 217 S. 18), sind beachtet worden.

Fußnote

(+++ Textnachweis ab: 1.11.2001 +++)
(+++ Amtliche Hinweise des Normgebers auf EG-Recht:
    Umsetzung der
      EGRL 58/98 (CELEX Nr: 398L0058)
      EWGRL 629/91 (CELEX Nr: 391L0629)
      EGRL 74/99 (CELEX Nr: 399L0074)
      EWGRL 630/91 (CELEX Nr: 391L0630) vgl. Bek. v. 22.8.2006 I 2043
    Beachtung der
      EGRL 34/98 (CELEX Nr: 398L0034) vgl. Bek. v. 22.8.2006 I 2043
    Umsetzung der
      EGRL 58/98 (CELEX Nr: 398L0058) vgl. V v. 30.11.2006 I 2759
    Beachtung der
      EGRL 34/98 (CELEX Nr: 398L0034) vgl. V v. 30.11.2006 I 2759
    Beachtung der
      EGRL 34/98 (CELEX Nr: 398L0034) vgl. V v. 1.10.2009 I 3223
    Umsetzung der
      EGRL 43/2007 (CELEX Nr: 32007L0043) vgl: V v. 1.10.2009 I 3223

-

Abschnitt 1
Allgemeine Bestimmungen

-

§ 1 Anwendungsbereich

(1) Diese Verordnung gilt für das Halten von Nutztieren zu Erwerbszwecken.

(2) Die Vorschriften dieser Verordnung sind nicht anzuwenden

1.
auf die vorübergehende Unterbringung von Tieren während Wettbewerben, Ausstellungen, Absatzveranstaltungen sowie kultureller Veranstaltungen;

2.
während einer tierärztlichen Behandlung, soweit nach dem Urteil des Tierarztes im Einzelfall andere Anforderungen an das Halten zu stellen sind;

3.
während eines Tierversuchs im Sinne des § 7 Absatz 2 des Tierschutzgesetzes, soweit für den verfolgten Zweck andere Anforderungen an das Halten unerlässlich sind.

–

§ 2 Begriffsbestimmungen

Im Sinne dieser Verordnung sind

1.
Nutztiere: landwirtschaftliche Nutztiere sowie andere warmblütige Wirbeltiere, die zur Erzeugung von Nahrungsmitteln, Wolle, Häuten oder Fellen oder zu anderen landwirtschaftlichen Zwecken gehalten werden oder deren Nachzucht zu diesen Zwecken gehalten werden soll;

2.
Haltungseinrichtungen: Gebäude und Räume (Ställe) oder Behältnisse sowie sonstige Einrichtungen zur dauerhaften Unterbringung von Tieren;

3.
Kälber: Hausrinder im Alter von bis zu sechs Monaten;

4.
Legehennen: legereife Hennen der Art Gallus gallus, die zur Erzeugung von Eiern, die nicht für Vermehrungszwecke bestimmt sind, gehalten werden;

5.
Nest: ein gesonderter Bereich zur Eiablage;

6.
Gruppennest: ein Nest zur Eiablage für Gruppen von Legehennen;

7.
nutzbare Fläche: Fläche, ausgenommen Nestflächen, deren Seitenlängen an keiner Stelle weniger als 30 Zentimeter beträgt, die über eine lichte Höhe von mindestens 45 Zentimeter verfügt und deren Boden ein Gefälle von höchstens 14 Prozent aufweist, einschließlich der Fläche unter Futter- und Tränkeeinrichtungen, Sitz- und Anflugstangen oder Vorrichtungen zum Krallenabrieb, die von den Legehennen über- oder unterquert werden können;

8.
Kaltscharrraum: witterungsgeschützter, mit einer flüssigkeitsundurchlässigen Bodenplatte versehener, nicht der Klimaführung des Stalles unterliegender Teil der Stallgrundfläche, der vom Stallgebäude räumlich abgetrennt, den Legehennen unmittelbar zugänglich und mit Einstreumaterial ausgestattet ist;

9.
Masthuhn: ein zum Zweck der Fleischerzeugung gehaltenes Tier der Art Gallus gallus;

10.
Masthühnerstall: ein Betriebsgebäude, in dem ein Masthühnerbestand gehalten wird;

11.
Masthühnerbestand: die in einem Masthühnerstall eines Betriebes untergebrachten und sich gleichzeitig dort befindenden Masthühner;

12.

13. Masthühnernutzfläche: ein den Masthühnern jederzeit zugänglicher eingestreuter Bereich;

14. Masthühnerbesatzdichte: das Gesamtlebendgewicht der sich gleichzeitig in einem Masthühnerstall befindenden Masthühner je Quadratmeter Masthühnernutzfläche;

15. Schweine: Tiere der Art Sus scrofa f. domestica;

16. Saugferkel: Ferkel vom Zeitpunkt der Geburt bis zum Absetzen;

17. Absatzferkel: abgesetzte Ferkel bis zum Alter von zehn Wochen;

18. Zuchtläufer: Schweine, die zur Zucht bestimmt sind, vom Alter von zehn Wochen bis zum Decken oder zur sonstigen Verwendung zur Zucht;

19. Mastschweine: Schweine, die zur Schlachtung bestimmt sind, vom Alter von zehn Wochen bis zur Schlachtung;

20. Jungsauen: weibliche Schweine nach dem Decken bis vor dem ersten Wurf;

21. Sauen: weibliche Schweine nach dem ersten Wurf;

22. Eber: geschlechtsreife männliche Schweine, die zur Zucht bestimmt sind;

23. Kaninchen: Tiere der Art Oryctolagus cuniculus forma domestica;

24. Zuchtkaninchen: zum Zweck der Zucht gehaltene geschlechtsreife Kaninchen;

25. Mastkaninchen: Kaninchen, die der Gewinnung von Lebensmitteln dienen, vom Absetzen bis zur Schlachtung;

26. Häsin: geschlechtsreifes weibliches Kaninchen;

27. Rammler: geschlechtsreifes männliches Kaninchen;

- Pelztiere: Tiere der Arten Nerz (Mustela vison), Iltis (Mustela putorius), Rotfuchs (Vulpes vulpes), Polarfuchs (Alopex lagopus), Sumpfbiber (Myocastor coypus), Chinchilla (Chinchilla chinchilla, Chinchilla brevicaudata und Chinchilla lanigera) und Marderhund (Nyctereutes procyonoides).

§ 3 Allgemeine Anforderungen an Haltungseinrichtungen

(1) Nutztiere dürfen vorbehaltlich der Vorschriften der Abschnitte 2 bis 7 nur in Haltungseinrichtungen gehalten werden, die den Anforderungen der Absätze 2 bis 6 entsprechen.
(2) Haltungseinrichtungen müssen

1. nach ihrer Bauweise, den verwendeten Materialien und ihrem Zustand so beschaffen sein, dass eine Verletzung oder sonstige Gefährdung der Gesundheit der Tiere so sicher ausgeschlossen wird, wie dies nach dem Stand der Technik möglich ist;

2. mit Fütterungs- und Tränkeinrichtungen ausgestattet sein, die so beschaffen und angeordnet sind, dass jedem Tier Zugang zu einer ausreichenden Menge Futter und Wasser gewährt wird und dass Verunreinigungen des Futters und des Wassers sowie Auseinandersetzungen zwischen den Tieren auf ein Mindestmaß begrenzt werden;

3.

so ausgestattet sein, dass den Tieren, soweit für den Erhalt der Gesundheit erforderlich, ausreichend Schutz vor widrigen Witterungseinflüssen geboten wird und die Tiere, soweit möglich, vor Beutegreifern geschützt werden, wobei es im Fall eines Auslaufes ausreicht, wenn den Nutztieren Möglichkeiten zum Unterstellen geboten werden.

(3) Ställe müssen

1.

mit Vorrichtungen ausgestattet sein, die jederzeit eine zur Inaugenscheinnahme der Tiere ausreichende Beleuchtung und einen Zugriff auf alle Nutztiere durch die mit der Fütterung und Pflege betrauten Personen ermöglichen;

2.

erforderlichenfalls ausreichend wärmegedämmt und so ausgestattet sein, dass Zirkulation, Staubgehalt, Temperatur, relative Feuchte und Gaskonzentration der Luft in einem Bereich gehalten werden, der für die Tiere unschädlich ist.

(4) Sofern Lüftungsanlagen, Fütterungseinrichtungen, Förderbänder oder sonstige technische Einrichtungen verwendet werden, muss durch deren Bauart und die Art ihres Einbaus sichergestellt sein, dass die Lärmimmission im Aufenthaltsbereich der Tiere auf ein Mindestmaß begrenzt ist.

(5) Für Haltungseinrichtungen, in denen bei Stromausfall eine ausreichende Versorgung der Tiere mit Futter und Wasser nicht sichergestellt ist, muss ein Notstromaggregat bereitstehen.

(6) In Ställen, in denen die Lüftung von einer elektrisch betriebenen Anlage abhängig ist, müssen eine Ersatzvorrichtung, die bei Ausfall der Anlage einen ausreichenden Luftaustausch gewährleistet, und eine Alarmanlage zur Meldung eines solchen Ausfalles vorhanden sein.

-

§ 4 Allgemeine Anforderungen an Überwachung, Fütterung und Pflege

(1) Wer Nutztiere hält, hat vorbehaltlich der Vorschriften der Abschnitte 2 bis 7 sicherzustellen, dass

1.

für die Fütterung und Pflege der Tiere ausreichend viele Personen mit den hierfür erforderlichen Kenntnissen und Fähigkeiten vorhanden sind;

2.

das Befinden der Tiere mindestens einmal täglich durch direkte Inaugenscheinnahme von einer für die Fütterung und Pflege verantwortlichen Person überprüft wird und dabei vorgefundene tote Tiere entfernt werden;

3.

soweit erforderlich, unverzüglich Maßnahmen für die Behandlung, Absonderung in geeignete Haltungseinrichtungen mit trockener und weicher Einstreu oder Unterlage oder die Tötung kranker oder verletzter Tiere ergriffen werden sowie ein Tierarzt hinzugezogen wird;

4.

alle Tiere täglich entsprechend ihrem Bedarf mit Futter und Wasser in ausreichender Menge und Qualität versorgt sind;

5.

vorhandene Beleuchtungs-, Lüftungs- und Versorgungseinrichtungen mindestens einmal täglich, Notstromaggregate und Alarmanlagen in technisch erforderlichen Abständen auf ihre Funktionsfähigkeit überprüft werden;

6.

bei einer Überprüfung nach Nummer 5 oder sonstige an Haltungseinrichtungen festgestellte Mängel unverzüglich abgestellt werden oder wenn dies nicht möglich ist, bis zu ihrer Behebung andere Vorkehrungen zum Schutz der Gesundheit und des Wohlbefindens der Tiere getroffen werden und die Mängel spätestens behoben sind, bevor neue Tiere eingestallt werden;

7.
Vorsorge für eine ausreichende Versorgung der Tiere mit Frischluft, Licht, Futter und Wasser für den Fall einer Betriebsstörung getroffen ist;

8.
der betriebsbedingte Geräuschpegel so gering wie möglich gehalten und dauernder oder plötzlicher Lärm vermieden wird;

9.
die tägliche Beleuchtungsintensität und Beleuchtungsdauer bei Tieren, die in Ställen untergebracht sind, für die Deckung der ihrer Art entsprechenden Bedürfnisse ausreichen und bei hierfür unzureichendem natürlichen Lichteinfall der Stall entsprechend künstlich beleuchtet wird, wobei bei Geflügel das künstliche Licht flackerfrei entsprechend dem tierartspezifischen Wahrnehmungsvermögen sein muss;

10.
die Haltungseinrichtung sauber gehalten wird, insbesondere Ausscheidungen so oft wie nötig entfernt werden, und Gebäudeteile, Ausrüstungen und Geräte, mit denen die Tiere in Berührung kommen, in angemessenen Abständen gereinigt und erforderlichenfalls desinfiziert werden.

Satz 1 Nr. 2 gilt nicht, soweit die Tiere in einer Weise gehalten werden, die eine tägliche Versorgung durch den Menschen unnötig macht. Derart gehaltene Tiere sind in solchen Abständen zu kontrollieren, dass Leiden vermieden werden.

(2) Wer Nutztiere hält, hat unverzüglich Aufzeichnungen über das Ergebnis der täglichen Überprüfung des Bestandes sowie alle medizinischen Behandlungen dieser Tiere und über die Zahl der bei jeder Kontrolle vorgefundenen verendeten Tiere, insbesondere über Anzahl und Ursache von Tierverlusten, zu führen. Diese Aufzeichnungen sind entbehrlich, soweit entsprechende Aufzeichnungen auf Grund anderer Rechtsvorschriften zu machen sind. Die Aufzeichnungen nach Satz 1 sind ab dem Zeitpunkt der jeweiligen Aufzeichnung mindestens drei Jahre aufzubewahren und der zuständigen Behörde auf Verlangen vorzulegen.

Abschnitt 2
Anforderungen an das Halten von Kälbern

-

§ 5 Allgemeine Anforderungen an das Halten von Kälbern

Kälber dürfen, unbeschadet der Anforderungen des § 3, nur nach Maßgabe der folgenden Vorschriften sowie der §§ 6 bis 10 gehalten werden:

1.
Kälber dürfen nicht mehr als unvermeidbar mit Harn oder Kot in Berührung kommen; ihnen muss im Stall ein trockener Liegebereich zur Verfügung stehen.

2.
Maulkörbe dürfen nicht verwendet werden.

3.
Kälber dürfen nicht angebunden oder sonst festgelegt werden.

Satz 1 Nr. 3 gilt nicht, wenn die Kälber in Gruppen gehalten werden, und zwar für jeweils längstens eine Stunde im Rahmen des Fütterns mit Milch- oder Milchaustauschertränke, und die Vorrichtungen zum Anbinden oder zum sonstigen Festlegen den Kälbern keine Schmerzen oder vermeidbare Schäden bereiten.

-

§ 6 Allgemeine Anforderungen an das Halten von Kälbern in Ställen

(1) Kälber dürfen in Ställen nur gehalten werden, wenn diese den Anforderungen der Absätze 2 bis 7 entsprechen.

(2) Ställe müssen

1.

so gestaltet sein, dass die Kälber ungehindert liegen, aufstehen, sich hinlegen, eine natürliche Körperhaltung einnehmen, sich putzen sowie ungehindert Futter und Wasser aufnehmen können;

2.

mit einem Boden ausgestattet sein,

a)

der im ganzen Aufenthaltsbereich der Kälber und in den Treibgängen rutschfest und trittsicher ist,

b)

der, sofern er Löcher, Spalten oder sonstige Aussparungen aufweist, so beschaffen ist, dass von diesen keine Gefahr der Verletzung von Klauen oder Gelenken ausgeht und der Boden der Größe und dem Gewicht der Kälber entspricht,

c)

bei dem, sofern es sich um einen Spaltenboden handelt, die Spaltenweite höchstens 2,5 Zentimeter, bei elastisch ummantelten Balken oder bei Balken mit elastischen Auflagen höchstens drei Zentimeter beträgt, wobei diese Maße infolge von Fertigungsungenauigkeiten bei einzelnen Spalten um höchstens 0,3 Zentimeter überschritten werden dürfen, und die Auftrittsbreite der Balken mindestens acht Zentimeter beträgt,

d)

der im ganzen Liegebereich so beschaffen ist, dass er die Erfordernisse für das Liegen erfüllt, insbesondere dass eine nachteilige Beeinflussung der Gesundheit der Kälber durch Wärmeableitung vermieden wird;

3.

mit Lichtöffnungen und mit einer Kunstlichtanlage ausgestattet sein, die sicherstellen, dass bei einer möglichst gleichmäßigen Verteilung im Aufenthaltsbereich der Kälber eine Lichtstärke von mindestens 80 Lux erreicht wird.

(3) Außenwände, mit denen Kälber ständig in Berührung kommen können, müssen ausreichend wärmegedämmt sein.

(4) Seitenbegrenzungen bei Boxen müssen so durchbrochen sein, dass die Kälber Sicht- und Berührungskontakt zu anderen Kälbern haben können.

(5) Im Aufenthaltsbereich der Kälber sollen je Kubikmeter Luft folgende Werte nicht überschritten sein:

Gas	Kubikzentimeter
Ammoniak	20
Kohlendioxid	3.000
Schwefelwasserstoff	5.

(6) Im Liegebereich der Kälber soll die Lufttemperatur 25 Grad Celsius nicht überschreiten sowie während der ersten zehn Tage nach der Geburt eine Temperatur von 10 Grad Celsius, danach eine Temperatur von 5 Grad Celsius nicht unterschreiten. Die relative Luftfeuchte soll zwischen 60 und 80 Prozent liegen.

(7) Die Absätze 3, 5 und 6 gelten nicht für Ställe, die als Kaltställe oder Kälberhütten vorwiegend dem Schutz der Kälber gegen Niederschläge, Sonne und Wind dienen.

§ 7 Besondere Anforderungen an das Halten von Kälbern im Alter von bis zu zwei Wochen in Ställen

Kälber im Alter von bis zu zwei Wochen dürfen nur in Ställen gehalten werden, wenn

1.

ihnen eine mit Stroh oder ähnlichem Material eingestreute Liegefläche und

2.

bei Einzelhaltung eine Box, die innen mindestens 120 Zentimeter lang, 80 Zentimeter breit und 80 Zentimeter hoch ist,

zur Verfügung stehen.

–

§ 8 Besondere Anforderungen an das Halten von Kälbern im Alter von über zwei bis zu acht Wochen in Ställen

(1) Kälber im Alter von über zwei bis zu acht Wochen dürfen einzeln in Boxen nur gehalten werden, wenn

1.

die Box

a)

bei innen angebrachtem Trog mindestens 180 Zentimeter,

b)

bei außen angebrachtem Trog mindestens 160 Zentimeter

lang ist und

2.

die frei verfügbare Boxenbreite bei Boxen mit bis zum Boden und über mehr als die Hälfte der Boxenlänge reichenden Seitenbegrenzungen mindestens 100 Zentimeter, bei anderen Boxen mindestens 90 Zentimeter beträgt.

(2) Kälber im Alter von über zwei bis zu acht Wochen dürfen vorbehaltlich des § 10 in Gruppen nur gehalten werden, wenn bei rationierter Fütterung alle Kälber der Gruppe gleichzeitig Futter aufnehmen können. Satz 1 gilt nicht bei Abruffütterung und technischen Einrichtungen mit vergleichbarer Funktion.

–

§ 9 Besondere Anforderungen an das Halten von Kälbern im Alter von über acht Wochen in Ställen

(1) Kälber im Alter von über acht Wochen dürfen nur in Gruppen gehalten werden. Dies gilt nicht, wenn

1.

in dem Betrieb jeweils nicht mehr als drei nach ihrem Alter oder ihrem Körpergewicht für das Halten in einer Gruppe geeignete Kälber vorhanden sind,

2.

mittels tierärztlicher Bescheinigung nachgewiesen wird, dass ein Kalb aus gesundheitlichen oder verhaltensbedingten Gründen einzeln gehalten werden muss, oder

3.

andere Haltungsanforderungen für die Dauer einer Quarantäne zur Vermeidung von Ansteckungsrisiken notwendig sind.

(2) Kälber im Alter von über acht Wochen dürfen vorbehaltlich des § 10 in Gruppen nur gehalten werden, wenn bei rationierter Fütterung alle Kälber der Gruppe gleichzeitig Futter aufnehmen können. Satz 1 gilt nicht bei Abruffütterung oder technischen Einrichtungen mit vergleichbarer Funktion.

(3) Kälber, die nach Absatz 1 nicht in Gruppen gehalten werden müssen, dürfen einzeln in Boxen nur gehalten werden, wenn

1.

die Box

a)

bei innen angebrachtem Trog mindestens 200 Zentimeter,

51

b)
bei außen angebrachtem Trog mindestens 180 Zentimeter lang ist und

2.
die frei verfügbare Boxenbreite bei Boxen mit bis zum Boden und über mehr als die Hälfte der Boxenlänge reichenden Seitenbegrenzungen mindestens 120 Zentimeter, bei anderen Boxen mindestens 100 Zentimeter beträgt.

–

§ 10 Platzbedarf bei Gruppenhaltung

(1) Kälber dürfen vorbehaltlich des Absatzes 2 in Gruppen nur gehalten werden, wenn für jedes Kalb eine uneingeschränkt benutzbare Bodenfläche zur Verfügung steht, die nach Maßgabe des Satzes 2 mindestens so bemessen ist, dass es sich ohne Behinderung umdrehen kann. Entsprechend seinem Lebendgewicht muss hierbei jedem Kalb mindestens eine uneingeschränkt benutzbare Bodenfläche nach folgender Tabelle zur Verfügung stehen:

Lebendgewicht in Kilogramm	Bodenfläche je Tier in Quadratmeter
bis 150	1,5
von 150 bis 220	1,7
über 220	1,8.

(2) Kälber dürfen in einer Gruppe bis zu drei Tieren nur in einer Bucht gehalten werden, die im Falle

1.
von Kälbern im Alter von zwei bis acht Wochen 4,5 Quadratmeter,

2.
von Kälbern von über acht Wochen 6 Quadratmeter
Mindestbodenfläche hat.

–

§ 11 Überwachung, Fütterung und Pflege

Wer Kälber hält, hat, unbeschadet der Anforderungen des § 4, sicherzustellen, dass

1.
eine für die Fütterung und Pflege verantwortliche Person das Befinden der Kälber bei Stallhaltung mindestens zweimal täglich überprüft;

2.
Kälbern spätestens vier Stunden nach der Geburt Biestmilch angeboten wird;

3.
für Kälber bis zu einem Gewicht von 70 Kilogramm der Eisengehalt der Milchaustauschertränke mindestens 30 Milligramm je Kilogramm, bezogen auf einen Trockensubstanzgehalt von 88 Prozent, beträgt und bei Kälbern, die mehr als 70 Kilogramm wiegen, eine ausreichende Eisenversorgung erfolgt, wodurch bei den Kälbern ein auf die Gruppe bezogener durchschnittlicher Hämoglobinwert von mindestens 6 mmol/l Blut erreicht wird;

4.
jedes über zwei Wochen alte Kalb jederzeit Zugang zu Wasser in ausreichender Menge und Qualität hat;

5.
jedes Kalb täglich mindestens zweimal gefüttert wird, dabei ist dafür Sorge zu tragen, dass dem Saugbedürfnis der Kälber ausreichend Rechnung getragen wird;

6.

Kälbern spätestens vom achten Lebenstag an Raufutter oder sonstiges rohfaserreiches strukturiertes Futter zur freien Aufnahme angeboten wird;

7.

bei Stallhaltung Mist, Jauche oder Gülle in zeitlich erforderlichen Abständen aus dem Liegebereich entfernt werden oder dass regelmäßig neu eingestreut wird;

8.

Anbindevorrichtungen mindestens wöchentlich auf beschwerdefreien Sitz überprüft und erforderlichenfalls angepasst werden;

9.

die Beleuchtung

a)

täglich für mindestens zehn Stunden im Aufenthaltsbereich der Kälber eine Lichtstärke von 80 Lux erreicht und

b)

dem Tagesrhythmus angeglichen ist und möglichst gleichmäßig verteilt wird.

Abschnitt 3
Anforderungen an das Halten von Legehennen

§ 12 Anwendungsbereich

Legehennen, die zu Erwerbszwecken gehalten werden, dürfen, unbeschadet der Anforderungen der §§ 3 und 4, nur nach Maßgabe der Vorschriften dieses Abschnitts gehalten werden.

§ 13 Allgemeine Anforderungen an Haltungseinrichtungen für Legehennen

(1) Legehennen dürfen nur in Haltungseinrichtungen gehalten werden, die den Anforderungen der Absätze 2 bis 5 sowie des § 13a entsprechen.

(2) Haltungseinrichtungen müssen so ausgestattet sein, dass alle Legehennen artgemäß fressen, trinken, ruhen, staubbaden sowie ein Nest aufsuchen können.

(3) Gebäude müssen nach Maßgabe des § 14 Abs. 1 Nr. 2 so beleuchtet sein, dass sich die Tiere untereinander erkennen und durch die mit der Fütterung und Pflege betrauten Personen in Augenschein genommen werden können. Gebäude, die nach dem 13. März 2002 in Benutzung genommen werden, müssen mit Lichtöffnungen versehen sein, deren Fläche mindestens 3 Prozent der Stallgrundfläche entspricht und die so angeordnet sind, dass eine möglichst gleichmäßige Verteilung des Lichts gewährleistet wird. Satz 2 gilt nicht für bestehende Gebäude, wenn eine Ausleuchtung des Einstreu- und Versorgungsbereiches in der Haltungseinrichtung durch natürliches Licht auf Grund fehlender technischer oder sonstiger Möglichkeiten nicht oder nur mit unverhältnismäßig hohem Aufwand erreicht werden kann und eine dem natürlichen Licht so weit wie möglich entsprechende künstliche Beleuchtung sichergestellt ist.

(4) Gebäude müssen mit einer Lüftungsvorrichtung, die den allgemein anerkannten Regeln der Technik entspricht, ausgestattet sein, die die Einhaltung von Mindestluftraten sicherstellt, wobei der Ammoniakgehalt der Luft im Aufenthaltsbereich der Tiere zehn Kubikzentimeter je Kubikmeter Luft nicht überschreiten soll und 20 Kubikzentimeter je Kubikmeter Luft dauerhaft nicht überschreiten darf.

(5) Haltungseinrichtungen müssen ausgestattet sein mit

1.

einem Boden, der so beschaffen ist, dass die Legehennen einen festen Stand finden können;

2.

Fütterungsvorrichtungen, die so verteilt und bemessen sind, dass alle Legehennen gleichermaßen Zugang haben;

3.

Tränkevorrichtungen, die so verteilt sind, dass alle Legehennen gleichermaßen Zugang haben, wobei bei Verwendung von Rinnentränken eine Kantenlänge von mindestens 2,5 Zentimetern und bei Verwendung von Rundtränken eine Kantenlänge von mindestens einem Zentimeter je Legehenne vorhanden sein muss und bei Verwendung von Nippel- oder Bechertränken für bis zu zehn Legehennen mindestens zwei Tränkstellen und für jeweils zehn weitere Legehennen eine zusätzliche Tränkstelle vorhanden sein müssen;

4.

einem Nest für jede Legehenne, das dieser mindestens während der Legephase uneingeschränkt zur Verfügung steht, jeder Legehenne eine ungestörte Eiablage ermöglicht und dessen Boden so gestaltet ist, dass die Legehenne nicht mit Drahtgitter in Berührung kommen kann;

5.

einem Einstreubereich, der mit geeignetem Einstreumaterial von lockerer Struktur und in ausreichender Menge ausgestattet ist, das allen Legehennen ermöglicht, ihre artgemäßen Bedürfnisse, insbesondere Picken, Scharren und Staubbaden, zu befriedigen;

6.

Sitzstangen, die nicht über dem Einstreubereich angebracht sein dürfen und einen solchen Abstand zueinander und zu den Wänden der Haltungseinrichtung aufweisen, dass auf ihnen ein ungestörtes, gleichzeitiges Ruhen aller Legehennen möglich ist;

7.

einer besonderen Vorrichtung zum Krallenabrieb, soweit der Krallenabrieb nicht auf andere Weise ausreichend sichergestellt ist.

(6) Legehennen dürfen an keiner Stelle des Aufenthaltsbereiches direkter Stromeinwirkung ausgesetzt sein.

-

§ 13a Besondere Anforderungen an Haltungseinrichtungen für Legehennen

(1) Haltungseinrichtungen müssen

1.

eine Fläche von mindestens 2,5 Quadratmetern, auf der die Legehennen sich ihrer Art und ihren Bedürfnissen entsprechend angemessen bewegen können, sowie

2.

eine Höhe von mindestens 2 Metern, von ihrem Boden aus gemessen,

aufweisen. Auf Antrag des Tierhalters kann die zuständige Behörde eine Ausnahme von Satz 1 Nummer 2 genehmigen, soweit dies im Einzelfall zur Vermeidung einer unbilligen Härte erforderlich ist und Gründe des Tierschutzes nicht entgegenstehen.

(2) Für je neun Legehennen muss, unbeschadet des Absatzes 1 Satz 1 Nummer 1, mindestens eine nutzbare Fläche von einem Quadratmeter zur Verfügung stehen. Ein Bereich der Einstreu kann zur nutzbaren Fläche nur gerechnet werden, wenn er den Legehennen täglich während der gesamten Hellphase uneingeschränkt zur Verfügung steht. Kombinierte Ruhe- und Versorgungseinrichtungen mit parallel verlaufenden Laufstegen, unter und über denen eine lichte Höhe von mindestens 45 Zentimetern vorhanden ist, können bei der Berechnung der Besatzdichte mit der abgedeckten Fläche berücksichtigt werden, sofern auf den Laufstegen ein sicheres Fußen gewährleistet ist und ruhende und fressende Tiere sich gegenseitig nicht stören. In Haltungseinrichtungen, in denen die nutzbare Fläche sich auf mehreren Ebenen befindet, dürfen je Quadratmeter von den Tieren nutzbare Stallgrundfläche nicht mehr als 18 Legehennen gehalten werden. Es dürfen nicht mehr als 6 000 Legehennen ohne räumliche Trennung gehalten werden.

(3) Die Kantenlänge der Futtertröge darf je Legehenne bei Verwendung von Längströgen zehn Zentimeter und bei Verwendung von Rundtrögen vier Zentimeter nicht unterschreiten.

(4) Für höchstens sieben Legehennen muss ein Nest von 35 Zentimetern mal 25 Zentimetern vorhanden sein. Im Falle von Gruppennestern muss für jeweils höchstens 120 Legehennen eine Nestfläche von mindestens einem Quadratmeter vorhanden sein.
(5) Der Einstreubereich muss den Legehennen täglich mindestens während zwei Drittel der Hellphase uneingeschränkt zugänglich sein und über eine Fläche von mindestens einem Drittel der von den Legehennen begehbaren Stallgrundfläche, mindestens aber von 250 Quadratzentimetern je Legehenne, verfügen. Der Einstreubereich kann im Kaltscharrraum eingerichtet werden.
(6) Die Sitzstangen müssen

1.
    einen Abstand von mindestens 20 Zentimetern zur Wand,
2.
    eine Länge von mindestens 15 Zentimetern je Legehenne und
3.
    einen waagerechten Achsenabstand von mindestens 30 Zentimetern zur nächsten Sitzstange aufweisen, soweit sie sich auf gleicher Höhe befinden.

(7) In Haltungseinrichtungen, in denen sich die Legehennen zwischen verschiedenen Ebenen frei bewegen können, dürfen höchstens vier Ebenen übereinander angeordnet sein, wobei der Abstand zwischen den Ebenen mindestens 45 Zentimeter lichte Höhe betragen muss und die Ebenen so angeordnet oder gestaltet sein müssen, dass kein Kot durch den Boden auf die darunter gelegenen Ebenen fallen kann.
(8) Haltungseinrichtungen mit Zugang zu einem Kaltscharrraum oder mit Zugang zu einem Auslauf im Freien müssen mit mehreren Zugängen, die mindestens 35 Zentimeter hoch und 40 Zentimeter breit und über die gesamte Länge einer Außenwand verteilt sind, ausgestattet sein. Für je 500 Legehennen müssen Zugangsöffnungen von zusammen mindestens 100 Zentimetern Breite zur Verfügung stehen. Satz 2 gilt nicht, soweit die Sicherstellung des Stallklimas auf Grund fehlender technischer Einrichtungen nur mit unverhältnismäßigem Aufwand erreicht werden kann und die Breite der Zugangsöffnungen zwischen Stall und Kaltscharrraum mindestens 100 Zentimeter je 1 000 Legehennen beträgt.
(9) Stationäre Haltungseinrichtungen mit einem Zugang zu einem Auslauf im Freien, die nach dem 4. August 2006 in Benutzung genommen werden, müssen mit einem Kaltscharrraum ausgestattet sein. Satz 1 gilt nicht, soweit die Einrichtung eines Kaltscharrraumes aus Gründen der Bautechnik und der Bauart oder aus rechtlichen Gründen nicht möglich ist.
(10) Auslaufflächen müssen

1.
    mindestens so groß sein, dass sie von allen Legehennen gleichzeitig genutzt und eine geeignete Gesundheitsvorsorge getroffen werden kann,
2.
    so gestaltet sein, dass die Auslaufflächen möglichst gleichmäßig durch die Legehennen genutzt werden können und
3.
    mit Tränken ausgestattet sein, soweit dies für die Gesundheit der Legehennen erforderlich ist.

-

§ 13b (weggefallen)

-

§ 14 Überwachung, Fütterung und Pflege von Legehennen

(1) Wer Legehennen hält, hat sicherzustellen, dass

1.

2. jede Legehenne jederzeit Zugang zu geeignetem Tränkwasser hat;

bei Verwendung künstlicher Beleuchtung die künstliche Beleuchtung für mindestens acht Stunden ununterbrochen während der Nacht zurückgeschaltet wird, wobei während der Dunkelphase die Beleuchtungsstärke weniger als 0,5 Lux betragen soll, sofern dies die natürliche Beleuchtung zulässt, und eine ausreichende Dämmerphase vorzusehen ist, die den Legehennen die Einnahme ihrer Ruhestellung ohne Verletzungsgefahr ermöglicht;

3. die Haltungseinrichtung jeweils zwischen dem Ausstallen und dem nächsten Einstallen der Legehennen gereinigt wird, wobei sämtliche Gegenstände, mit denen die Tiere in Berührung kommen, zusätzlich desinfiziert werden;

4. nur solche Legehennen eingestallt werden, die während ihrer Aufzucht an die Art der Haltungseinrichtung gewöhnt worden sind.

(2) Wer Legehennen hält, hat über deren Legeleistung unverzüglich Aufzeichnungen zu machen. § 4 Abs. 2 Satz 2 und 3 gilt entsprechend.

-

§ 15 Anlagen zur Erprobung neuer Haltungseinrichtungen

Die zuständige Behörde kann im Einzelfall für längstens drei Jahre zur Erprobung von neuartigen Haltungseinrichtungen Ausnahmen von einzelnen Bestimmungen mit Ausnahme des § 13 Absatz 2 zulassen, wenn sichergestellt ist, dass in der Haltungseinrichtung ein artgemäßes Verhalten möglich ist. Dabei ist sicherzustellen, dass die Legehennen über ausreichende Möglichkeiten zum erhöhten Sitzen, Flattern und Aufbaumen verfügen und dass die sonstigen Vorgaben der Richtlinie 1999/74/EG des Rates vom 19.Juli 1999 zur Festlegung von Mindestanforderungen zum Schutz von Legehennen (ABl. EG Nr. L 203 S. 53) nicht unterschritten werden.

Abschnitt 4
Anforderungen an das Halten von Masthühnern

-

§ 16 Anwendungsbereich

Masthühner dürfen, unbeschadet der Anforderungen der §§ 3 und 4, in Betrieben mit 500 oder mehr Masthühnern nur nach Maßgabe der Vorschriften dieses Abschnitts gehalten werden, soweit sie nicht

1. in Brütereien,

2. in extensiver Bodenhaltung oder in Auslaufhaltung nach Anhang V der Verordnung (EG) Nr. 543/2008 der Kommission vom 16. Juni 2008 mit Durchführungsvorschriften zur Verordnung (EG) Nr. 1234/2007 des Rates hinsichtlich der Vermarktungsnormen für Geflügelfleisch (ABl. L 157 vom 17.6.2008, S. 46, L 257 vom 24.9.2008, S. 7) in der jeweils geltenden Fassung oder

3. in ökologischer Haltung nach der Verordnung (EG) Nr. 834/2007 des Rates vom 28. Juni 2007 über die ökologische/biologische Produktion und die Kennzeichnung von ökologischen/biologischen Erzeugnissen und zur Aufhebung der Verordnung (EWG) Nr. 2092/91 (ABl. L 189 vom 20.7.2007, S. 1) in der jeweils geltenden Fassung

gehalten werden.

-

§ 17 Sachkunde

(1) Masthühner darf nach dem 30. Juni 2010 nur halten, wer im Besitz einer gültigen Bescheinigung der zuständigen Behörde oder der sonst nach Landesrecht beauftragten Stelle (zuständige Stelle) über seine Sachkunde (Sachkundebescheinigung) ist.

(2) Die Sachkundebescheinigung wird von der zuständigen Stelle auf Antrag erteilt, wenn der Antragsteller nachweist, dass er für den Erwerb der Sachkunde einen von der zuständigen Stelle anerkannten Lehrgang besucht hat und die Sachkunde im Rahmen einer erfolgreichen Prüfung nach Maßgabe der Absätze 3 und 4 nachgewiesen worden ist oder wenn die zuständige Stelle nach Absatz 5 von einer Prüfung absieht.

(3) Auf Antrag führt die zuständige Behörde eine Prüfung der Sachkunde durch einen Tierarzt durch. Die Prüfung besteht aus einem theoretischen und einem praktischen Teil. Sie wird im theoretischen Teil schriftlich und mündlich abgelegt. Die Prüfung erstreckt sich auf folgende Prüfungsgebiete:

1.
   im Bereich der Kenntnisse:
   a)
      bedarfsgerechte Versorgung der Masthühner mit Futter und Wasser,
   b)
      Grundkenntnisse der Anatomie und Physiologie der Masthühner,
   c)
      Grundkenntnisse des Verhaltens von Masthühnern,
   d)
      tierschutzrechtliche Vorschriften,
   e)
      Anzeichen von Gesundheitsstörungen, Verhaltensstörungen oder Stress bei Masthühnern und mögliche Gegenmaßnahmen,
   f)
      Notbehandlung von Masthühnern, Notschlachtung und Tötung,
   g)
      Maßnahmen, mit denen dem Ausbruch und der Verbreitung von Krankheiten vorgebeugt werden kann;
2.
   im Bereich der Fertigkeiten:
   a)
      sorgsamer Umgang mit Masthühnern,
   b)
      Einfangen, Verladen und Befördern von Masthühnern,
   c)
      ordnungsgemäße Tötung.

(4) Die Prüfung ist bestanden, wenn jeweils im theoretischen und praktischen Teil mindestens eine ausreichende Leistung erbracht worden ist.

(5) Die zuständige Stelle kann von einer Prüfung absehen, wenn der Antragsteller Kenntnisse und Fertigkeiten bei der tiergerechten Haltung von Masthühnern nachweist durch

1.
   eine erfolgreich abgeschlossene Ausbildung in den Berufen Tierwirt oder Tierwirtin Fachrichtung Geflügelhaltung oder Landwirt oder Landwirtin,
2.
   eine bis zum 30. Juni 1999 erfolgreich abgeschlossene Ausbildung im Beruf Hauswirtschafter oder Hauswirtschafterin mit dem Schwerpunkt ländliche Hauswirtschaft,
3.
   ein erfolgreich abgeschlossenes Hochschulstudium oder Fachhochschulstudium im Bereich der Landwirtschaft oder Tiermedizin,
4.

den Nachweis, dass er mindestens drei Jahre eigenverantwortlich und ohne tierschutzrechtliche Beanstandung einen Masthühnerbestand mit nicht weniger als 500 Masthühnern gehalten hat oder

5.

eine Bescheinigung, mit der der erfolgreiche Abschluss einer von der zuständigen Behörde als gleichwertig anerkannten Prüfung belegt wird.

(6) Personen, die einen Nachweis der Sachkunde nach Absatz 2 in einem anderen Mitgliedstaat der Europäischen Union, der Türkei oder einem Vertragsstaat des Abkommens über den Europäischen Wirtschaftsraum erworben haben, bedürfen keiner Prüfung, soweit der Nachweis der Sachkunde den Anforderungen nach Absatz 3 entspricht.

(7) Der Halter der Masthühner hat sicherzustellen, dass die von ihm zur Pflege oder zum Einfangen und Verladen der Masthühner angestellten oder beschäftigten Personen in tierschutzrelevanten Kenntnissen gemäß Absatz 3 Nummer 1 und Fertigkeiten gemäß Absatz 3 Nummer 2, einschließlich tierschutzgerechter Tötungsmethoden, angewiesen und angeleitet werden.

-

§ 18 Anforderungen an Haltungseinrichtungen für Masthühner

(1) Wer Masthühner hält, hat sicherzustellen, dass die Tränkevorrichtungen so installiert und instand gehalten werden, dass

1.

die Tiere jederzeit Zugang zu Tränkwasser haben;

2.

die Gefahr des Überlaufens so gering wie möglich ist;

3.

je Kilogramm Gesamtlebendgewicht der sich gleichzeitig in dem Masthühnerstall befindenden Masthühner bei Rundtränken mindestens 0,66 cm, bei Tränkerinnen mindestens 1,5 cm nutzbarer Rand verfügbar ist und

4.

bei Tränkenippeln für nicht mehr als 15 Masthühner ein Tränkenippel zur Verfügung steht.

Die zuständige Behörde kann im Einzelfall auf Antrag Abweichungen von den Nummern 3 und 4 zulassen, sofern die in Nummer 1 genannte Anforderung nachweislich durch andere Maßnahmen erfüllt wird.

(2) Wer Masthühner hält, hat sicherzustellen, dass die Fütterungseinrichtungen so installiert und instand gehalten werden, dass

1.

alle Tiere gleichermaßen Zugang zu den Fütterungseinrichtungen haben und

2.

je Kilogramm Gesamtlebendgewicht der sich gleichzeitig in dem Masthühnerstall befindenden Masthühner bei Rundtrögen mindestens 0,66 cm, bei Längströgen mindestens 1,5 cm nutzbare Trogseite verfügbar ist;

Die zuständige Behörde kann im Einzelfall auf Antrag Abweichungen von Nummer 2 zulassen, sofern die in Nummer 1 genannte Anforderung nachweislich durch andere Maßnahmen erfüllt wird.

(3) Eine Lüftung und erforderlichenfalls eine Heiz- und Kühlanlage ist so einzubauen und zu bedienen, dass

1.

Hitzestress vermieden und überschüssige Feuchtigkeit abgeleitet wird;

2.

die Gaskonzentration je Kubikmeter Luft, jeweils in Kopfhöhe der Tiere gemessen, folgende Werte nicht überschreitet:

Gas	Kubikzentimeter
Ammoniak	20
Kohlendioxid	3 000;

3.

bei einer Außentemperatur von über 30 °C im Schatten die Raumtemperatur nicht mehr als 3 °C über der Außentemperatur liegt;

4.

bei einer Außentemperatur von unter 10 °C die durchschnittliche relative Luftfeuchtigkeit innerhalb des Masthühnerstalls im Laufe von 48 Stunden 70 vom Hundert nicht überschreitet;

5.

je Kilogramm Gesamtlebendgewicht der sich gleichzeitig in dem Masthühnerstall befindenden Masthühner ein Luftaustausch von mindestens 4,5 m^3 je Stunde erreicht werden kann.

(4) Soweit Lüftungsanlagen, Fütterungseinrichtungen, Förderbänder oder sonstige technische Einrichtungen verwendet werden, muss durch deren Instandhaltung sichergestellt sein, dass die Lärmimmission im Aufenthaltsbereich der Masthühner auf ein Mindestmaß begrenzt ist.

(5) Masthühnerställe müssen mit Lichtöffnungen für den Einfall natürlichen Lichtes versehen sein, deren Gesamtfläche mindestens 3 Prozent der Stallgrundfläche entspricht und die so angeordnet sind, dass eine möglichst gleichmäßige Verteilung des Lichts über die gesamte Stallgrundfläche gewährleistet ist. Satz 1 gilt nicht für bestehende Gebäude, die vor dem 9. Oktober 2009 genehmigt oder in Benutzung genommen worden sind und über keine oder keine ausreichenden Lichtöffnungen verfügen und bei denen auf Grund fehlender technischer oder sonstiger Möglichkeiten nicht oder nur mit unverhältnismäßig hohem Aufwand der Einfall von natürlichem Tageslicht erreicht werden kann, soweit eine Ausleuchtung des Einstreu- und Versorgungsbereiches in der Haltungseinrichtung durch eine dem natürlichen Licht so weit wie möglich entsprechende künstliche Beleuchtung sichergestellt ist.

-

§ 19 Anforderungen an das Halten von Masthühnern

(1) Wer Masthühner hält, hat sicherzustellen, dass

1.

die Masthühner entweder ständig Zugang zu Futter haben oder portionsweise gefüttert werden;

2.

die Fütterung frühestens zwölf Stunden vor dem voraussichtlichen Schlachttermin eingestellt wird;

3.

alle Masthühner ständig Zugang zu trockener, lockerer Einstreu haben, die zum Picken, Scharren und Staubbaden geeignet ist;

4.

in allen Masthühnerställen während der Lichtstunden die Lichtintensität mindestens 20 Lux, in Kopfhöhe der Tiere gemessen, beträgt, wobei mindestens 80 vom Hundert der Masthühnernutzfläche ausgeleuchtet sein müssen, und, mit Ausnahme von Masthühnerställen nach § 18 Absatz 5 Satz 2, natürliches Tageslicht einfällt;

5.

spätestens ab dem siebten Tag nach der Einstellung der Masthühner und bis zu drei Tagen vor dem voraussichtlichen Schlachttermin ein 24-stündiges Lichtprogramm betrieben wird, das sich am natürlichen Tag-Nacht-Rhythmus orientiert und mindestens eine sechsstündige ununterbrochene Dunkelperiode gewährleistet, wobei Dämmerlichtperioden nicht berücksichtigt werden;

6.

59

Teile von Stallungen, Ausrüstungen oder Geräten, die mit den Masthühnern in Berührung kommen, nach jeder vollständigen Stallräumung gereinigt und desinfiziert werden;

7.
   nach der vollständigen Räumung eines Masthühnerstalls sämtliche Einstreu entfernt und der Stall vor der Neubelegung mit sauberer Einstreu versehen wird.

Eine zeitweise Einschränkung der Lichtintensität oder die vorübergehende wesentliche Einschränkung des Einfalles des natürlichen Lichtes ist nur nach tierärztlicher Indikation zulässig.

(2) Wer Masthühner hält, hat sicherzustellen, dass alle Masthühner im Betrieb mindestens zwei Mal täglich in Augenschein genommen werden. Dabei ist auf ihr Wohlergehen und ihre Gesundheit zu achten. Masthühner mit Verletzungen oder mit Gesundheitsstörungen, insbesondere mit Laufschwierigkeiten, starkem Bauchwasser oder schweren Missbildungen, die darauf schließen lassen, dass das Tier leidet, sind angemessen zu behandeln oder unverzüglich zu töten. Soweit es der Gesundheitszustand der Tiere erfordert, ist ein Tierarzt hinzuzuziehen.

(3) Wer Masthühner hält, hat sicherzustellen, dass die Masthühnerbesatzdichte zu keinem Zeitpunkt 39 kg/m^2 überschreitet.

(4) Abweichend von Absatz 3 hat der Halter von Masthühnern sicherzustellen, dass im Durchschnitt dreier aufeinander folgender Mastdurchgänge die Masthühnerbesatzdichte 35 kg/m^2 nicht überschreitet, soweit das durchschnittliche Gewicht der Masthühner weniger als 1 600 g beträgt.

(5) Der Halter fertigt für jeden Masthühnerstall seines Betriebs Aufzeichnungen über das Erzeugungsverfahren und Angaben über den Stall und seine Ausstattung, insbesondere

1.
   den Grundriss des Stalls, einschließlich der Begrenzungen aller den Masthühnern zugänglichen Flächen;

2.
   die Lüftungs- und soweit vorhanden Kühl- und Heizanlage, einschließlich Standorten, Lüftungsplan mit genauen Angaben über Luftqualitätsparameter wie Luftdurchfluss, Luftgeschwindigkeit und Lufttemperatur;

3.
   die Fütterungssysteme, Tränkanlagen und deren Standorte;

4.
   die Alarmanlagen und Sicherungssysteme, insbesondere Notstromaggregate, die im Falle eines Ausfalls der automatischen oder mechanischen Anlagen und Geräte, von denen Gesundheit und Wohlergehen der Tiere abhängen, zum Einsatz kommen;

5.
   den Bodentyp und die verwendete Einstreu;

6.
   die technischen Kontrollen der Lüftungs- und Alarmanlage.

Der Halter hat die Aufzeichnungen nach Satz 1 auf dem neuesten Stand zu halten.

(6) Der Halter fertigt für jeden Masthühnerstall seines Betriebs Aufzeichnungen über

1.
   die Zahl der eingestallten Masthühner und das Datum des Einstallens;

2.
   die Masthühnernutzfläche;

3.
   Bezeichnung der Hybridkreuzung oder Rasse der Masthühner;

4.
   das Datum jeder Kontrolle nach Absatz 2 sowie die Zahl der dabei verendet aufgefundenen Tiere mit Angabe der jeweiligen Ursachen, soweit bekannt, sowie die Zahl der getöteten Tiere mit Angabe des jeweiligen Grundes;

5.
   das Datum der Entfernung von Masthühnern zwecks Verkauf oder Schlachtung und ihre Anzahl, ihr Gesamtlebendgewicht sowie gegebenenfalls die Zahl der Masthühner, die im Masthühnerstall verbleiben.

Diese Aufzeichnungen sind entbehrlich, soweit entsprechende Aufzeichnungen auf Grund anderer Rechtsvorschriften zu fertigen sind.

(7) Der Halter hat die Aufzeichnungen nach Absatz 5 Satz 1 und nach Absatz 6 Satz 1 der zuständigen Behörde auf Verlangen vorzulegen. Die Aufzeichnungen nach Absatz 6 Satz 1 sind ab der Fertigung der Aufzeichnungen drei Jahre aufzubewahren.

(8) Der Halter teilt der zuständigen Behörde unverzüglich etwaige Änderungen des Masthühnerstalls, seiner Ausstattung oder der Betriebsabläufe mit, soweit sich diese Änderungen erheblich auf das Wohlbefinden oder die Gesundheit der Tiere auswirken können.

(9) Soweit der Halter beabsichtigt, die Masthühnerbesatzdichte eines Masthühnerstalls auf über 33 kg/m² zu erhöhen, teilt er dies der zuständigen Behörde mindestens 15 Tage vor der erstmaligen Einstellung eines Masthühnerbestandes mit erhöhter Masthühnerbesatzdichte sowie jede weitere Änderung der Masthühnerbesatzdichte mindestens 15 Tage vor der Einstellung des Masthühnerbestandes mit geänderter Masthühnerbesatzdichte mit. Dabei ist die genaue Höhe der Masthühnerbesatzdichte anzugeben. Auf Verlangen der zuständigen Behörde muss die Mitteilung von einem Dokument begleitet sein, in dem die Angaben aus den Aufzeichnungen nach Absatz 5 zusammengefasst sind.

~

§ 20 Überwachung und Folgemaßnahmen im Schlachthof

(1) Der Halter eines Masthühnerbestands berechnet die tägliche Mortalitätsrate jedes Masttages sowie die kumulative tägliche Mortalitätsrate. Die tägliche Mortalitätsrate ist die Zahl der an einem Tag in einem Masthühnerstall verendeten sowie der an diesem Tag aufgrund von Krankheiten oder aus anderen Gründen getöteten Masthühner, geteilt durch die Zahl der sich an diesem Tag in dem betreffenden Masthühnerstall befindenden Masthühner, multipliziert mit 100. Die zum Zweck der Schlachtung ausgestallten Masthühner werden bei der Berechnung der täglichen Mortalitätsrate nicht berücksichtigt. Die kumulative tägliche Mortalitätsrate ist die Summe der täglichen Mortalitätsraten während eines Mastdurchgangs.

(2) Der Transport von Masthühnern zum Schlachthof ist durch schriftliche Aufzeichnungen des Halters zu begleiten, welche die täglichen Mortalitätsraten im Mastverlauf, die kumulative tägliche Mortalitätsrate sowie die Bezeichnung der Hybridkreuzungen oder Rasse der Hühner enthalten.

(3) Die in Absatz 2 genannten Angaben sowie die Zahl der bei der Ankunft verendet vorgefundenen Masthühner werden unter Angabe des jeweiligen Betriebs und Masthühnerstalls durch die zuständige Behörde aufgezeichnet. Sie prüft unter Berücksichtigung der Zahl der geschlachteten Masthühner und der Zahl der bei der Ankunft im Schlachthof verendet vorgefundenen Masthühner, ob die Angaben nach Satz 1 plausibel sind.

(4) Soweit die Mortalitätsraten nach Absatz 1 oder die Ergebnisse der Fleischuntersuchung auf einen Verstoß gegen tierschutzrechtliche Bestimmungen schließen lassen, teilt die zuständige Behörde dies dem Halter der Tiere sowie der für den Ort des Masthühnerbestandes für den Tierschutz zuständigen Behörde mit.

(5) Die zuständige Behörde trifft die zur Beseitigung festgestellter tierschutzrechtlicher Verstöße notwendigen Anordnungen. Sie kann insbesondere

1.
   eine Überprüfung der Versorgungseinrichtungen,
2.
   weitere Aufzeichnungen, insbesondere der Stallklima- und Lüftungsdaten oder
3.
   eine Reduzierung der Masthühnerbesatzdichte

anordnen. Sie kann ferner bei Verdacht auf unzulängliche Haltungsbedingungen, unzureichende Pflege oder unsachgemäßen Umgang mit den Tieren oder auf Grund einer Mitteilung nach Absatz 4, insbesondere bezüglich der Feststellung von Kontaktdermatitiden, Parasitosen oder Systemerkrankungen, gegenüber dem Halter weiter gehendere Untersuchungen anordnen. Die Ergebnisse dieser Untersuchungen sind der anordnenden Behörde unverzüglich vorzulegen.

Abschnitt 5
Anforderungen an das Halten von Schweinen

§ 21 Anwendungsbereich

Schweine dürfen, unbeschadet der Anforderungen der §§ 3 und 4, nur nach Maßgabe der Vorschriften dieses Abschnitts gehalten werden. Die §§ 22 bis 25 und 27 Absatz 2 gelten nicht für Haltungseinrichtungen außerhalb von Ställen.

§ 22 Allgemeine Anforderungen an Haltungseinrichtungen für Schweine

(1) Schweine dürfen nur in Haltungseinrichtungen gehalten werden, die den Anforderungen der Absätze 2 bis 4 entsprechen.
(2) Haltungseinrichtungen müssen so beschaffen sein, dass

1.
    einzeln gehaltene Schweine Sichtkontakt zu anderen dort gehaltenen Schweinen haben können;

2.
    die Schweine gleichzeitig ungehindert liegen, aufstehen, sich hinlegen und eine natürliche Körperhaltung einnehmen können;

3.
    die Schweine nicht mehr als unvermeidbar mit Harn und Kot in Berührung kommen und ihnen ein trockener Liegebereich zur Verfügung steht;

4.
    eine geeignete Vorrichtung vorhanden ist, die eine Verminderung der Wärmebelastung der Schweine bei hohen Stallufttemperaturen ermöglicht.

Satz 1 Nr. 1 gilt nicht für Abferkelbuchten.
(3) Der Boden der Haltungseinrichtung muss

1.
    im ganzen Aufenthaltsbereich der Schweine und in den Treibgängen rutschfest und trittsicher sein;

2.
    der Größe und dem Gewicht der Tiere entsprechen;

3.
    soweit er Löcher, Spalten oder sonstige Aussparungen aufweist, so beschaffen sein, dass von ihm keine Verletzungsgefahr ausgeht;

4.
    soweit Spaltenboden verwendet wird, im Aufenthaltsbereich der Schweine Auftrittsbreiten, die mindestens den Spaltenweiten entsprechen und höchstens Spaltenweiten nach folgender Tabelle aufweisen:

	Spaltenweite in Millimetern
Saugferkel	11
Absatzferkel	14
Zuchtläufer und Mastschweine	18
Jungsauen, Sauen und Eber	20;

5.

soweit Betonspaltenboden verwendet wird, entgratete Kanten sowie bei Saug- und Absatzferkeln eine Auftrittsbreite von mindestens fünf Zentimetern und bei anderen Schweinen eine Auftrittsbreite von mindestens acht Zentimetern aufweisen;

6. soweit es sich um einen Metallgitterboden aus geschweißtem oder gewobenem Drahtgeflecht handelt, aus ummanteltem Draht bestehen, wobei der einzelne Draht mit Mantel mindestens neun Millimeter Durchmesser haben muss;

7. im Liegebereich so beschaffen sein, dass eine nachteilige Beeinflussung der Gesundheit der Schweine durch zu hohe oder zu geringe Wärmeableitung vermieden wird;

8. im Liegebereich bei Gruppenhaltung, mit Ausnahme der Haltungseinrichtungen für Absatzferkel, so beschaffen sein, dass der Perforationsgrad höchstens 15 Prozent beträgt.

(4) Ställe, die nach dem 4. August 2006 in Benutzung genommen werden, müssen mit Flächen ausgestattet sein, durch die Tageslicht einfallen kann, die

1. in der Gesamtgröße mindestens 3 Prozent der Stallgrundfläche entsprechen und

2. so angeordnet sind, dass im Aufenthaltsbereich der Schweine eine möglichst gleichmäßige Verteilung des Lichts erreicht wird.

Abweichend von Satz 1 kann die Gesamtgröße der Fläche, durch die Tageslicht einfallen kann, auf bis zu 1,5 Prozent der Stallgrundfläche verkleinert werden, soweit die in Satz 1 vorgesehene Fläche aus Gründen der Bautechnik und der Bauart nicht erreicht werden kann. Satz 1, auch in Verbindung mit Satz 2, gilt nicht für Ställe, die in bestehenden Bauwerken eingerichtet werden sollen, soweit eine Ausleuchtung des Aufenthaltsbereiches der Schweine durch natürliches Licht aus Gründen der Bautechnik und der Bauart oder aus baurechtlichen Gründen nicht oder nur mit unverhältnismäßig hohem Aufwand erreicht werden kann und eine dem natürlichen Licht so weit wie möglich entsprechende künstliche Beleuchtung sichergestellt ist.

-

§ 23 Besondere Anforderungen an Haltungseinrichtungen für Saugferkel

(1) Saugferkel dürfen nur in Haltungseinrichtungen gehalten werden, die den Anforderungen der Absätze 2 bis 4 entsprechen.
(2) In Abferkelbuchten müssen Schutzvorrichtungen gegen ein Erdrücken der Saugferkel vorhanden sein.
(3) Der Aufenthaltsbereich der Saugferkel muss so beschaffen sein, dass alle Saugferkel jeweils gleichzeitig ungehindert saugen oder sich ausruhen können.
(4) Der Liegebereich muss entweder wärmegedämmt und beheizbar oder mit geeigneter Einstreu bedeckt sein. Perforierter Boden im Liegebereich der Saugferkel muss abgedeckt sein.

-

§ 24 Besondere Anforderungen an Haltungseinrichtungen für Jungsauen und Sauen

(1) Jungsauen und Sauen dürfen nur in Haltungseinrichtungen gehalten werden, die den Anforderungen der Absätze 2 bis 6 entsprechen.
(2) Bei Gruppenhaltung muss jede Seite der Bucht mindestens 280 Zentimeter, bei Gruppen mit weniger als sechs Schweinen mindestens 240 Zentimeter lang sein.
(3) Bei Einzelhaltung darf der Liegebereich für Jungsauen und Sauen nicht über Teilflächen hinaus perforiert sein, durch die Restfutter fallen oder Kot oder Harn durchgetreten werden oder abfließen kann.
(4) Kastenstände müssen so beschaffen sein, dass

1.

die Schweine sich nicht verletzen können und

2.

jedes Schwein ungehindert aufstehen, sich hinlegen sowie den Kopf und in Seitenlage die Gliedmaßen ausstrecken kann.

(5) Abferkelbuchten müssen so angelegt sein, dass hinter dem Liegeplatz der Jungsau oder der Sau genügend Bewegungsfreiheit für das ungehinderte Abferkeln sowie für geburtshilfliche Maßnahmen besteht.

(6) Fress-Liegebuchten für die Gruppenhaltung von Jungsauen und Sauen müssen so angelegt und beschaffen sein, dass

1.

die Tiere die Zugangsvorrichtung zu den Buchten selbst betätigen und die Buchten jederzeit aufsuchen und verlassen können,

2.

der Boden ab der buchtenseitigen Kante des Futtertroges mindestens 100 Zentimeter weit als Liegebereich nach § 22 Absatz 3 Nummer 8 ausgeführt ist und

3.

bei einseitiger Buchtenanordnung die Gangbreite hinter den Fress-Liegebuchten mindestens 160 Zentimeter oder bei beidseitiger Buchtenanordnung die Gangbreite zwischen den Fress-Liegebuchten mindestens 200 Zentimeter beträgt.

–

§ 25 Besondere Anforderungen an Haltungseinrichtungen für Eber

Eber dürfen nur in Haltungseinrichtungen gehalten werden, die so beschaffen sind, dass der Eber sich ungehindert umdrehen und andere Schweine hören, riechen und sehen kann, und für einen Eber ab einem Alter von 24 Monaten eine Fläche von mindestens sechs Quadratmetern aufweisen. Eber dürfen in Haltungseinrichtungen, die zum Decken benutzt werden, nur gehalten werden, wenn diese

1.

so angelegt sind, dass die Sau dem Eber ausweichen und sich ungehindert umdrehen kann, und

2.

eine Fläche von mindestens zehn Quadratmetern aufweisen.

–

§ 26 Allgemeine Anforderungen an das Halten von Schweinen

(1) Wer Schweine hält, hat sicherzustellen, dass

1.

jedes Schwein jederzeit Zugang zu gesundheitlich unbedenklichem und in ausreichender Menge vorhandenem Beschäftigungsmaterial hat, das

a)

das Schwein untersuchen und bewegen kann und

b)

vom Schwein veränderbar ist

und damit dem Erkundungsverhalten dient;

2.

jedes Schwein jederzeit Zugang zu Wasser in ausreichender Menge und Qualität hat; bei einer Haltung in Gruppen sind räumlich getrennt von der Futterstelle zusätzliche Tränken in ausreichender Anzahl vorzuhalten;

3.

Personen, die für die Fütterung und Pflege verantwortlich sind,

a)

Kenntnisse über die Bedürfnisse von Schweinen im Hinblick auf Ernährung, Pflege, Gesundheit und Haltung,

b)

Grundkenntnisse der Biologie und des Verhaltens von Schweinen,

c)

Kenntnisse über tierschutzrechtliche Vorschriften

haben.

(2) Wer Schweine in Ställen hält, in denen zu ihrer Pflege und Versorgung wegen eines zu geringen Lichteinfalls auch bei Tageslicht künstliche Beleuchtung erforderlich ist, muss den Stall täglich mindestens acht Stunden nach Maßgabe des Satzes 2 beleuchten. Die Beleuchtung muss im Aufenthaltsbereich der Schweine eine Stärke von mindestens 80 Lux haben und dem Tagesrhythmus angeglichen sein. Jedes Schwein soll von ungefähr der gleichen Lichtmenge erreicht werden. Außerhalb der Beleuchtungszeit soll so viel Licht vorhanden sein, wie die Schweine zur Orientierung brauchen.

(3) Im Aufenthaltsbereich der Schweine sollen folgende Werte nicht dauerhaft überschritten werden:

1.

je Kubikmeter Luft:

Gas	Kubikzentimeter
Ammoniak	20
Kohlendioxid	3.000
Schwefelwasserstoff	5;

2.

ein Geräuschpegel von 85 db(A).

(4) Schweine, die gegenüber anderen Schweinen nachhaltig Unverträglichkeiten zeigen oder gegen die sich solches Verhalten richtet, dürfen nicht in der Gruppe gehalten werden. Diese Schweine sind während des Zeitraumes, für den grundsätzlich die Haltung in Gruppen vorgeschrieben ist, so zu halten, dass sie sich jederzeit ungehindert umdrehen können.

-

§ 27 Besondere Anforderungen an das Halten von Saugferkeln

(1) Saugferkel dürfen erst im Alter von über vier Wochen abgesetzt werden. Abweichend von Satz 1 darf ein Saugferkel früher abgesetzt werden, wenn dies zum Schutz des Muttertieres oder des Saugferkels vor Schmerzen, Leiden oder Schäden erforderlich ist. Abweichend von Satz 1 darf ferner ein Saugferkel im Alter von über drei Wochen abgesetzt werden, wenn sichergestellt ist, dass es unverzüglich in gereinigte und desinfizierte Ställe oder vollständig abgetrennte Stallabteile verbracht wird, in denen keine Sauen gehalten werden.

(2) Wer Saugferkel hält, muss sicherstellen, dass im Liegebereich der Saugferkel während der ersten zehn Tage nach der Geburt eine Temperatur von 30 Grad Celsius und im Liegebereich von über zehn Tage alten Saugferkeln abhängig von der Verwendung von Einstreu die Temperatur nach folgender Tabelle nicht unterschritten wird:

Durchschnittsgewicht in Kilogramm	Temperatur in Grad Celsius	
	mit Einstreu	ohne Einstreu
bis 10	16	20
über 10 bis 20	14	18
über 20	12	16.

-

§ 28 Besondere Anforderungen an das Halten von Absatzferkeln

(1) Absatzferkel sind in der Gruppe zu halten. Umgruppierungen sind möglichst zu vermeiden.
(2) Absatzferkel dürfen nur nach Maßgabe der folgenden Vorschriften in Gruppen gehalten werden:

1. Das Durchschnittsgewicht der Absatzferkel muss mindestens fünf Kilogramm betragen. Bei neu zusammengesetzten Gruppen darf das Gewicht der einzelnen Absatzferkel um höchstens 20 Prozent vom Durchschnittsgewicht der Absatzferkel der Gruppe abweichen.
2. Entsprechend dem Durchschnittsgewicht der Absatzferkel muss für jedes Absatzferkel mindestens eine uneingeschränkt nutzbare Bodenfläche nach folgender Tabelle zur Verfügung stehen:

Durchschnittsgewicht in Kilogramm	Fläche in Quadratmetern
über 5 bis 10	0,15
über 10 bis 20	0,2
über 20	0,35.

3. Bei rationierter Fütterung muss der Fressplatz so beschaffen sein, dass alle Absatzferkel gleichzeitig fressen können. Bei tagesrationierter Fütterung muss für jeweils höchstens zwei Absatzferkel eine Fressstelle vorhanden sein. Bei Fütterung zur freien Aufnahme muss für jeweils höchstens vier Absatzferkel eine Fressstelle vorhanden sein.
4. Nummer 3 gilt nicht für die Abruffütterung und die Fütterung mit Breifutterautomaten.
5. Bei Verwendung von Selbsttränken muss für jeweils höchstens zwölf Absatzferkel eine Tränkstelle vorhanden sein.

(3) § 27 Absatz 2 gilt entsprechend.

§ 29 Besondere Anforderungen an das Halten von Zuchtläufern und Mastschweinen

(1) Zuchtläufer und Mastschweine sind in der Gruppe zu halten. Umgruppierungen sind möglichst zu vermeiden.
(2) Wer Zuchtläufer oder Mastschweine hält, muss entsprechend dem Durchschnittsgewicht der Tiere für jedes Schwein mindestens eine uneingeschränkt nutzbare Bodenfläche nach folgender Tabelle zur Verfügung stellen:

Durchschnittsgewicht in Kilogramm	Fläche in Quadratmetern
über 30 bis 50	0,5
über 50 bis 110	0,75
über 110	1,0.

Mindestens die Hälfte der Mindestfläche nach Satz 1 muss als Liegebereich nach § 22 Absatz 3 Nummer 8 zur Verfügung stehen.
(3) § 28 Absatz 2 Nummer 3 bis 5 gilt entsprechend.

§ 30 Besondere Anforderungen an das Halten von Jungsauen und Sauen

(1) Jungsauen und Sauen dürfen nur nach Maßgabe der Absätze 2 bis 8 gehalten werden.

(2) Jungsauen und Sauen sind im Zeitraum von über vier Wochen nach dem Decken bis eine Woche vor dem voraussichtlichen Abferkeltermin in der Gruppe zu halten. Dabei muss abhängig von der Gruppengröße mindestens eine uneingeschränkt nutzbare Bodenfläche nach folgender Tabelle zur Verfügung stehen:

	Fläche in Quadratmetern		
	bei einer Gruppengröße bis 5 Tiere	bei einer Gruppengröße von 6 bis 39 Tieren	bei einer Gruppengröße von 40 oder mehr Tieren
je Jungsau	1,85	1,65	1,5
je Sau	2,5	2,25	2,05.

Ein Teil der Bodenfläche, der 0,95 Quadratmeter je Jungsau und 1,3 Quadratmeter je Sau nicht unterschreiten darf, muss als Liegebereich nach § 22 Absatz 3 Nummer 8 zur Verfügung stehen. Die Sätze 1 bis 3 gelten nicht in Betrieben mit weniger als zehn Sauen.

(3) Kranke oder verletzte Jungsauen oder Sauen sowie Jungsauen oder Sauen, die in Betrieben mit weniger als zehn Sauen nicht in der Gruppe gehalten werden, sind während des in Absatz 2 Satz 1 genannten Zeitraumes so zu halten, dass sie sich jederzeit ungehindert umdrehen können.

(4) Jungsauen und Sauen dürfen vorbehaltlich des Absatzes 2 Satz 1 in Kastenständen nur gehalten werden, wenn nicht offensichtlich erkennbar ist, dass diese Haltungsform zu nachhaltiger Erregung führt, die insbesondere durch Gabe von Beschäftigungsmaterial nicht abgestellt werden kann.

(5) Die Anbindehaltung ist verboten.

(6) Trächtige Jungsauen und Sauen sind bis eine Woche vor dem voraussichtlichen Abferkeltermin mit Alleinfutter mit einem Rohfasergehalt in der Trockenmasse von mindestens 8 Prozent oder so zu füttern, dass die tägliche Aufnahme von mindestens 200 Gramm Rohfaser je Tier gewährleistet ist.

(7) Trächtige Jungsauen und Sauen sind erforderlichenfalls gegen Parasiten zu behandeln und vor dem Einstallen in die Abferkelbucht zu reinigen. In der Woche vor dem voraussichtlichen Abferkeltermin muss jeder Jungsau oder Sau ausreichend Stroh oder anderes Material zur Befriedigung ihres Nestbauverhaltens zur Verfügung gestellt werden, soweit dies nach dem Stand der Technik mit der vorhandenen Anlage zur Kot- und Harnentsorgung vereinbar ist.

(8) § 28 Absatz 2 Nummer 3 bis 5 gilt entsprechend.

Abschnitt 6
Anforderungen an das Halten von Kaninchen

§ 31 Anwendungsbereich

(1) Kaninchen dürfen, unbeschadet der Anforderungen der §§ 3 und 4, nur nach Maßgabe der Vorschriften dieses Abschnitts gehalten werden.

(2) Die Vorschriften dieses Abschnitts sind nicht anzuwenden

1.

auf das Halten von Kaninchen, die zur Verwendung in Tierversuchen bestimmt sind oder deren Gewebe oder Organe dazu bestimmt sind, zu wissenschaftlichen Zwecken verwendet zu werden und

2.

für die Verwendung von Kaninchen während eines Tierversuchs.

§ 32 Allgemeine Anforderungen an Haltungseinrichtungen für Kaninchen

(1) Kaninchen dürfen nur in Haltungseinrichtungen gehalten werden, die den Anforderungen der Absätze 2 bis 10 entsprechen.

(2) Haltungseinrichtungen müssen so beschaffen sein, dass Kaninchen nicht mehr als unvermeidbar mit Harn und Kot in Berührung kommen und ihnen ein trockener Liegebereich zur Verfügung steht. Die Form und die Größe der Öffnung der Haltungseinrichtung müssen gewährleisten, dass ein Kaninchen herausgenommen werden kann, ohne dass ihm vermeidbare Schmerzen, Leiden oder Schäden zugefügt werden.

(3) Der Boden der Haltungseinrichtung muss

1.
   im ganzen Aufenthaltsbereich der Kaninchen rutschfest und trittsicher sein und

2.
   soweit perforierter Boden verwendet wird, im Aufenthaltsbereich der Kaninchen Auftrittsbreiten, die mindestens den Spalten- oder Lochweiten entsprechen, und höchstens Spalten- oder Lochweiten nach folgender Tabelle aufweisen:

Nutzungsart	maximale Spalten- oder Lochweite in Millimetern
Mastkaninchen	11
Zuchtkaninchen	14

(4) Haltungseinrichtungen müssen so beschaffen sein, dass jedem Zucht- und Mastkaninchen zusätzlich zu der in § 33 Absatz 3 Nummer 1 und 2 oder § 34 Absatz 2 Nummer 1 genannten Fläche eine uneingeschränkt nutzbare erhöhte Bodenfläche zugänglich ist, die

1.
   jedem Mastkaninchen mindestens 300, jedem Zuchtkaninchen mindestens 600 Quadratzentimeter zur Verfügung stellt,

2.
   eine Mindestfläche von 1 500, bei Zuchtkaninchen von 1 800 Quadratzentimetern aufweist,

3.
   mindestens 30 Zentimeter breit und 50, bei Zuchtkaninchen 60 Zentimeter lang ist,

4.
   jeweils mindestens 27 Zentimeter Abstand bei Mastkaninchen und jeweils mindestens 35 Zentimeter Abstand bei Zuchtkaninchen vom Boden und zur oberen Begrenzung der Haltungseinrichtung aufweist,

5.
   zu höchstens 15 Prozent perforiert ist und

6.
   höchstens 40 Prozent der uneingeschränkt nutzbaren Bodenfläche beträgt.

Der Bereich unterhalb der erhöhten Bodenfläche muss so beschaffen sein, dass die Kaninchen sich gegenseitig ausweichen können.

(5) Haltungseinrichtungen müssen so ausgestattet sein, dass

1.
   Hitzestress vermieden und überschüssige Feuchtigkeit abgeleitet wird,

2.
   bei einer Außentemperatur von über 30 Grad Celsius im Schatten die Raumtemperatur nicht dauerhaft mehr als 3 Grad Celsius über der Außentemperatur liegt und

3.

bei einer Außentemperatur von unter 10 Grad Celsius die durchschnittliche relative Luftfeuchtigkeit innerhalb des Kaninchenstalls im Laufe von 48 Stunden 70 Prozent nicht überschreitet.

(6) Der Ammoniakgehalt der Luft, in Kopfhöhe der Tiere gemessen, soll 10 Kubikzentimeter je Kubikmeter Luft nicht überschreiten und darf 20 Kubikzentimeter je Kubikmeter Luft nicht dauerhaft überschreiten.

(7) Der Kohlendioxidgehalt der Luft, in Kopfhöhe der Tiere gemessen, darf 3 000 Kubikzentimeter je Kubikmeter Luft nicht dauerhaft überschreiten.

(8) Gebäude, in denen Kaninchen gehalten werden, müssen mit Lichtöffnungen für den Einfall natürlichen Lichts versehen sein, deren Gesamtfläche mindestens 5 Prozent der Gebäudegrundfläche entspricht und die so angeordnet sind, dass eine möglichst gleichmäßige Verteilung des Lichts über die gesamte Gebäudegrundfläche gewährleistet ist. Satz 1 gilt nicht für bestehende Gebäude, die vor dem 11. August 2014 genehmigt oder in Benutzung genommen worden sind und über keine oder keine ausreichenden Lichtöffnungen verfügen und bei denen auf Grund fehlender technischer oder sonstiger Möglichkeiten nicht oder nur mit unverhältnismäßig hohem Aufwand der Einfall von natürlichem Tageslicht erreicht werden kann, soweit eine Ausleuchtung des Aufenthaltsbereiches der Tiere und des Versorgungsbereiches in der Haltungseinrichtung durch eine dem natürlichen Licht so weit wie möglich entsprechende künstliche Beleuchtung sichergestellt ist.

(9) Haltungseinrichtungen müssen über einen abgedunkelten Bereich verfügen, in den sich die Tiere zurückziehen können und der so zugänglich und beschaffen ist, dass sich die Tiere gegenseitig ausweichen können.

(10) Tränken sind so anzubringen oder aufzustellen, dass eine Be- und Durchfeuchtung von Futter, Einstreu und des Bodens sowie eine Beeinträchtigung der gehaltenen Tiere weitestgehend vermieden wird. Tränken sind täglich auf Dichtigkeit zu prüfen.

§ 33 Besondere Anforderungen an Haltungseinrichtungen für Mastkaninchen

(1) Mastkaninchen dürfen nur in Haltungseinrichtungen gehalten werden, die den Anforderungen der Absätze 2 bis 5 entsprechen.

(2) Haltungseinrichtungen müssen so beschaffen sein, dass Mastkaninchen, die nach § 36 Absatz 1 Satz 2 einzeln gehalten werden, andere Kaninchen sehen, riechen und hören können.

(3) Wer Mastkaninchen hält, hat sicherzustellen, dass

1.
   eine uneingeschränkt nutzbare Bodenfläche nach folgender Tabelle zur Verfügung steht:

Mastkaninchen	Fläche in Quadratzentimetern je Tier
1. bis 4. Tier	1 500
5. bis 10. Tier	1 000
11. bis 24. Tier	850
ab 25. Tier	700

2.
   eine Mindestfläche von 8 000 Quadratzentimetern zur Verfügung steht, die mindestens 80 Zentimeter lang und 60 Zentimeter breit ist, und

3.
   die lichte Höhe der Haltungseinrichtung
   a)
      über mindestens 70 Prozent der Grundfläche mindestens 60 Zentimeter und
   b)
      an keiner Stelle weniger als 40 Zentimeter

beträgt.
Höchstens zwei Drittel der Fläche, die sich aus der Gesamtfläche der uneingeschränkt nutzbaren Bodenfläche nach Satz 1 Nummer 1 und der uneingeschränkt nutzbaren erhöhten Bodenfläche nach § 32 Absatz 4 ergibt, dürfen einen Perforationsgrad von mehr als 15 Prozent aufweisen.
(4) Bei portionierter Fütterung muss der Fressplatz so beschaffen sein, dass alle Mastkaninchen gleichzeitig fressen können.
(5) Bei Verwendung von Selbsttränken muss für jeweils höchstens fünf Mastkaninchen eine Tränkstelle vorhanden sein.

§ 34 Besondere Anforderungen an Haltungseinrichtungen für Zuchtkaninchen

(1) Zuchtkaninchen dürfen nur in Haltungseinrichtungen gehalten werden, die den Anforderungen der Absätze 2 bis 5 entsprechen.
(2) Wer Zuchtkaninchen hält, hat sicherzustellen, dass

1.
für jedes Tier eine uneingeschränkt nutzbare Bodenfläche nach folgender Tabelle zur Verfügung steht:

Durchschnittsgewicht in Kilogramm	Fläche in Quadratzentimetern
bis 5,5	6 000
über 5,5	7 400

und

2.
die lichte Höhe der Haltungseinrichtung
a)
über mindestens 70 Prozent der Grundfläche mindestens 80 Zentimeter und
b)
an keiner Stelle weniger als 60 Zentimeter
beträgt.
Höchstens zwei Drittel der Fläche, die sich aus der Gesamtfläche der uneingeschränkt nutzbaren Bodenfläche nach Satz 1 Nummer 1 und der uneingeschränkt nutzbaren erhöhten Bodenfläche nach § 32 Absatz 4 ergibt, dürfen einen Perforationsgrad von mehr als 15 Prozent aufweisen.
(3) Jeder Häsin muss zusätzlich zur nutzbaren Bodenfläche der Haltungseinrichtung mindestens für einen Zeitraum von einer Woche vor dem voraussichtlichen Wurftermin bis zum Absetzen der Jungtiere eine Nestkammer zur Verfügung stehen, die

1.
eine Fläche von mindestens 1 000 Quadratzentimetern aufweist,
2.
eine Höhe von mindestens 25 Zentimetern aufweist,
3.
eine blickdichte Abtrennung zur Haltungseinrichtung hat,
4.
einen Nesteingang aufweist, der durch die Häsin weitgehend mit Nestbaumaterial abgedeckt werden kann oder über eine Zugangsvorrichtung verfügt, die
a)
der Häsin ein jederzeitiges Aufsuchen und Verlassen der Nestkammer ermöglicht oder
b)
vom Tierhalter verschlossen und geöffnet werden kann,

5.
   über eine Schwelle von mindestens acht Zentimetern Höhe am Übergang zur Haltungseinrichtung verfügt,

6.
   ausreichend Stroh oder anderes geeignetes Material zur Befriedigung des Nestbauverhaltens der Häsin und zur Abdeckung des Nestbereichs bietet und

7.
   so angebracht oder beschaffen ist, dass die Häsin auf diese nicht springen kann.

(4) Bei portionierter Fütterung muss der Fressplatz so beschaffen sein, dass alle Zuchtkaninchen und deren Jungtiere gleichzeitig fressen können.

(5) Bei Verwendung von Selbsttränken muss für jedes Zuchtkaninchen eine Tränkstelle vorhanden sein.

–

§ 35 Allgemeine Anforderungen an das Halten von Kaninchen

(1) Wer Kaninchen hält, hat sicherzustellen, dass

1.
   alle Kaninchen jederzeit Zugang zu grob strukturiertem Raufutter wie Stroh oder Heu und zu geeignetem Nagematerial haben,

1a.
   die Tiere jederzeit Zugang zu Tränkwasser haben,

2.
   Umgruppierungen möglichst vermieden werden,

3.
   Teile von Haltungseinrichtungen, Ausrüstungen oder Geräten, die mit den Kaninchen in Berührung kommen, nach jeder vollständigen Räumung eines abgetrennten Gebäudeteils gereinigt und desinfiziert werden,

4.
   während der Lichtstunden die Beleuchtungsstärke mindestens 40 Lux, in Kopfhöhe der Tiere gemessen, beträgt,

5.
   direkte Sonneneinstrahlung vermieden wird,

6.
   bei Verwendung künstlicher Beleuchtung die künstliche Beleuchtung einem 24-Stunden-Rhythmus folgt und für mindestens acht Stunden ununterbrochen während der Nacht zurückgeschaltet wird, wobei während der Dunkelphase die Beleuchtungsstärke weniger als 0,5 Lux betragen muss, soweit dies die natürliche Beleuchtung zulässt und mindestens so viel Licht vorhanden ist, wie die Kaninchen zur Orientierung brauchen, sowie eine Dämmerphase vorgesehen ist, die den Kaninchen ein artgemäßes Verhalten ermöglicht, und die mindestens 30 Minuten dauert,

7.
   in den Fällen der Nummer 6 die Dauer der ununterbrochenen Lichtstunden mit einer Stärke von mindestens 40 Lux mindestens acht Stunden beträgt und

8.
   Ausscheidungen der Tiere, die mittels Transportbändern oder entsprechenden Einrichtungen aufgefangen oder transportiert werden, mindestens täglich aus dem Stall entfernt werden.

(2) Wer Kaninchen hält, hat sicherzustellen, dass diese mindestens zwei Mal täglich in Augenschein genommen werden. Lassen Verletzungen oder Gesundheitsstörungen darauf schließen, dass ein Tier leidet, ist es angemessen zu behandeln oder unverzüglich zu töten. Soweit es der Gesundheitszustand eines Tieres erfordert, ist ein Tierarzt hinzuzuziehen.

(3) Alle Kaninchen sind erforderlichenfalls gegen Parasiten zu behandeln und in geeigneter Weise vor Krankheiten, die bei der jeweiligen Haltung üblicherweise auftreten und bei den Tieren zu Schmerzen, Leiden oder Schäden führen können, zu schützen.

(4) Der Halter führt für jede Haltungseinrichtung seines Betriebs Aufzeichnungen über

1.
    die Zahl der eingestallten Kaninchen und das Datum des Einstallens,

2.
    jede Kontrolle nach Absatz 2, die Zahl der dabei verendet aufgefundenen Tiere mit Angabe der jeweiligen Ursache des Verendens, soweit bekannt,

3.
    die Zahl der getöteten Tiere mit Angabe des jeweiligen Grundes der Tötung und

4.
    das Datum der Entfernung von Kaninchen zum Verkauf oder zur Schlachtung und ihre Anzahl sowie gegebenenfalls die Zahl der Kaninchen, die im Kaninchenstall verbleiben.

Diese Aufzeichnungen sind entbehrlich, soweit entsprechende Aufzeichnungen auf Grund anderer Rechtsvorschriften zu führen sind.

(5) Die Aufzeichnungen nach Absatz 4 Satz 1 sind ab dem Zeitpunkt der jeweiligen Aufzeichnung mindestens drei Jahre aufzubewahren und der zuständigen Behörde auf Verlangen vorzulegen.

-

§ 35a Sachkunde

(1) Kaninchen darf nach dem 10. Februar 2015 nur halten, wer im Besitz einer gültigen Bescheinigung der zuständigen Behörde über seine Sachkunde (Sachkundebescheinigung) ist.

(2) Die Sachkundebescheinigung wird von der zuständigen Behörde auf Antrag erteilt, wenn die Sachkunde im Rahmen einer erfolgreichen Prüfung nach Maßgabe der Absätze 3 und 4 nachgewiesen worden ist oder wenn die zuständige Behörde von einer Prüfung absieht.

(3) Auf Antrag führt die zuständige Behörde eine Prüfung der Sachkunde durch einen Tierarzt durch. Die Prüfung besteht aus einem theoretischen und einem praktischen Teil. Sie wird im theoretischen Teil schriftlich und mündlich abgelegt. Die Prüfung erstreckt sich auf folgende Prüfungsgebiete:

1.
    im Bereich der Kenntnisse:
    a)
        bedarfsgerechte Versorgung der Kaninchen mit Futter und Wasser,
    b)
        Grundkenntnisse der Anatomie und Physiologie der Kaninchen,
    c)
        Grundkenntnisse des Verhaltens von Kaninchen,
    d)
        tierschutzrechtliche Vorschriften,
    e)
        Anzeichen von Gesundheitsstörungen, Verhaltensstörungen oder Stress bei Kaninchen und mögliche Gegenmaßnahmen,
    f)
        Notbehandlung von Kaninchen, Notschlachtung und Tötung,
    g)
        Maßnahmen, mit denen dem Ausbruch und der Verbreitung von Krankheiten vorgebeugt werden kann;

2.
    im Bereich der Fertigkeiten:
    a)
        sorgsamer Umgang mit Kaninchen,

b)

Einfangen, Verladen und Befördern von Kaninchen,

c)

tierschutzgerechte Tötung.

(4) Die Prüfung ist bestanden, wenn jeweils im theoretischen und praktischen Teil mindestens eine ausreichende Leistung erbracht worden ist.

(5) Die zuständige Behörde kann von einer Prüfung absehen, wenn der Antragsteller Kenntnisse und Fertigkeiten bei der tiergerechten Haltung von Kaninchen nachweist durch

1.

eine erfolgreich abgeschlossene Ausbildung in den Berufen Tierwirt oder Tierwirtin oder Landwirt oder Landwirtin,

2.

ein erfolgreich abgeschlossenes Hochschulstudium oder Fachhochschulstudium im Bereich der Landwirtschaft oder Tiermedizin,

3.

den Nachweis, dass er mindestens drei Jahre eigenverantwortlich und ohne tierschutzrechtliche Beanstandung einen Kaninchenbestand gehalten hat oder

4.

eine Bescheinigung, mit der der erfolgreiche Abschluss einer von der zuständigen Behörde als gleichwertig anerkannten Prüfung belegt wird.

(6) Personen, die einen Nachweis der Sachkunde nach Absatz 2 in einem anderen Mitgliedstaat der Europäischen Union, der Türkei oder einem Vertragsstaat des Abkommens über den Europäischen Wirtschaftsraum erworben haben, bedürfen keiner Prüfung, soweit der Nachweis der Sachkunde den Anforderungen nach Absatz 3 entspricht.

(7) Der Halter der Kaninchen hat sicherzustellen, dass die von ihm zur Pflege oder zum Einfangen und Verladen der Kaninchen angestellten oder beschäftigten Personen in tierschutzrelevanten Kenntnissen nach Absatz 3 Satz 4 Nummer 1 und Fertigkeiten nach Absatz 3 Satz 4 Nummer 2 angewiesen und angeleitet werden.

-

§ 36 Besondere Anforderungen an das Halten von Mastkaninchen

(1) Mastkaninchen dürfen nicht einzeln gehalten werden. Abweichend von Satz 1 ist eine Einzelhaltung zulässig, wenn gesundheitliche oder verhaltensbedingte Gründe bei einem Kaninchen dies erfordern.

(2) Der Halter eines Mastkaninchenbestandes berechnet die tägliche Mortalitätsrate jedes Masttages sowie die kumulative tägliche Mortalitätsrate. Die tägliche Mortalitätsrate ist die Zahl der an einem Tag in einem Mastkaninchenbestand verendeten sowie der an diesem Tag auf Grund von Krankheiten oder aus anderen Gründen getöteten Mastkaninchen, geteilt durch die Zahl der sich an diesem Tag in dem betreffenden Mastkaninchenbestand befindenden Mastkaninchen, multipliziert mit 100. Die zum Zweck der Schlachtung ausgestellten Mastkaninchen werden bei der Berechnung der täglichen Mortalitätsrate nicht berücksichtigt. Die kumulative tägliche Mortalitätsrate ist die Summe der täglichen Mortalitätsraten während eines Mastdurchgangs.

(3) Erreicht die kumulative tägliche Mortalitätsrate eines Mastdurchgangs nach Absatz 2 einen Wert von über 10 Prozent, hat der Tierhalter

1.

unverzüglich die Ursache durch einen Tierarzt feststellen zu lassen,

2.

die Mastkaninchen des Bestandes tierärztlich untersuchen und erforderlichenfalls behandeln zu lassen und

3.

Maßnahmen zur Verbesserung des Gesundheitszustandes der Mastkaninchen des Bestandes durchzuführen.

(4) Über die Mortalitätsraten nach Absatz 2 sowie die Ursachen nach Absatz 3 Nummer 1 und die Maßnahmen nach Absatz 3 Nummer 3 führt der Halter für jeden Mastkaninchenbestand Aufzeichnungen. Die Aufzeichnungen nach Satz 1 sind ab dem Zeitpunkt der jeweiligen Aufzeichnung mindestens drei Jahre aufzubewahren und der zuständigen Behörde auf Verlangen vorzulegen.

-

§ 37 Besondere Anforderungen an das Halten von Zuchtkaninchen

(1) Die Besamung oder das Decken der Häsin darf frühestens am 11. Tag nach der Geburt der Jungtiere des vorhergegangenen Wurfes erfolgen.

(2) Jungtiere dürfen erst im Alter von über 28 Tagen abgesetzt werden. Abweichend von Satz 1 darf ein Jungtier oder ein Wurf früher abgesetzt werden, wenn dies nach tierärztlichem Urteil zum Schutz des Muttertieres oder des Jungtieres vor Schmerzen, Leiden oder Schäden erforderlich ist.

(3) Der Halter eines Zuchtkaninchenbestandes berechnet die tägliche Mortalitätsrate jedes Tages sowie die kumulative tägliche Mortalitätsrate getrennt für Zuchtkaninchen und Jungtiere. § 36 Absatz 2 Satz 2 und 3 gilt für Zuchtkaninchen und Jungtiere entsprechend. Die kumulative tägliche Mortalitätsrate ist die Summe der täglichen Mortalitätsraten während eines Jahres.

(4) § 36 Absatz 3 und 4 gilt entsprechend mit der Maßgabe, dass die in § 36 Absatz 3 vorgesehenen Pflichten des Tierhalters bei Jungtieren erst ab Erreichen einer Mortalitätsrate mit einem Wert von über 12 Prozent zu erfüllen sind.

(5) Der Halter führt für jeden Zuchtkaninchenbestand zusätzliche Aufzeichnungen über den Zuchtverlauf, insbesondere über

1.

die Zahl der Würfe pro Häsin und die Zahl der Jungtiere pro Wurf sowie das jeweilige Datum des Wurfs,

2.

die Anzahl lebend geborener Jungtiere,

3.

die Anzahl lebend abgesetzter Jungtiere und

4.

die jeweiligen Zeitpunkte des Besamens oder Deckens einer Häsin.

Die Aufzeichnungen nach § 35 Absatz 4 Satz 1 Nummer 1 erfolgen getrennt nach Häsinnen und Rammlern. § 35 Absatz 5 gilt entsprechend.

Abschnitt 7
Anforderungen an das Halten von Pelztieren

-

§ 38 Verbot der Haltung bestimmter Tiere

Tiere der in § 2 Nummer 28 genannten Arten dürfen nicht zur Erzeugung von Pelzen oder zur Zucht von Pelztieren gehalten werden, soweit sie der Natur entnommen wurden.

-

§ 39 Anwendungsbereich

Pelztiere dürfen, unbeschadet der Anforderungen der §§ 3 und 4, nur nach Maßgabe der Vorschriften dieses Abschnitts gehalten werden.

-

§ 40 Anforderungen an Haltungseinrichtungen für Pelztiere

(1) Pelztiere dürfen nur in Haltungseinrichtungen gehalten werden, die den Anforderungen der Absätze 2 bis 9 entsprechen.

(2) Die Haltungseinrichtung muss

1.

so beschaffen sein, dass alle Pelztiere artgemäß fressen, trinken und ruhen können;

2.

einen gesonderten Bereich mit festen Wänden aufweisen, in den sich die Tiere zurückziehen können und der so bemessen ist, dass alle Tiere darin gleichzeitig liegen können, und dessen Öffnung so angebracht ist, dass neugeborene Tiere zurückgehalten werden und erwachsene Tiere leichten Zugang haben (Nestkasten);

3.

mit frostgeschützten Tränkvorrichtungen ausgestattet sein, die so verteilt und bemessen sind, dass alle Pelztiere jederzeit Zugang zu Tränkwasser haben;

4.

mit Öffnungen versehen sein, die ein Entnehmen der Pelztiere ohne Schmerzen oder vermeidbare Leiden oder Schäden für die Tiere erlauben;

5.

ausreichenden Schutz vor direkter Sonneneinstrahlung bieten.

(3) Der Nestkasten nach Absatz 2 Nr. 2 muss

1.

für Rotfüchse und Polarfüchse (Füchse) erhöht angebracht sein und aus einer Hauptkammer sowie einer Vorkammer bestehen, die den Eingang zur Hauptkammer verbirgt,

2.

für Sumpfbiber aus mindestens zwei Kammern bestehen und mit zwei Ausgängen ausgestattet sein.

(4) Haltungseinrichtungen dürfen nicht übereinander angeordnet sein.

(5) Haltungseinrichtungen müssen zusätzlich zu den Innenflächen eines Nestkastens und den Flächen eines Schwimmbeckens oder Sandbades folgende Grundflächen aufweisen:

1.

für Nerze und Iltisse für jedes ausgewachsene Tier und für jedes Jungtier nach dem Absetzen eine Grundfläche von mindestens einem Quadratmeter, mindestens jedoch eine Grundfläche von drei Quadratmetern;

2.

für Füchse und Marderhunde für jedes ausgewachsene Tier und für jedes Jungtier nach dem Absetzen eine Grundfläche von mindestens drei Quadratmetern, mindestens jedoch eine Grundfläche von zwölf Quadratmetern;

3.

für Sumpfbiber für jedes ausgewachsene Tier eine Grundfläche von mindestens zwei Quadratmetern und für jedes Jungtier nach dem Absetzen eine Grundfläche von mindestens 0,5 Quadratmetern, mindestens jedoch eine Grundfläche von vier Quadratmetern;

4.

für Chinchillas für jedes ausgewachsene Tier eine Grundfläche von mindestens 0,5 Quadratmetern und für jedes Jungtier nach dem Absetzen eine Grundfläche von mindestens 0,3 Quadratmetern, mindestens jedoch eine Grundfläche von einem Quadratmeter.

(6) Haltungseinrichtungen müssen mindestens folgende Innenhöhen aufweisen:

1.

für Nerze und Iltisse einen Meter;

2.

für Füchse und Marderhunde 1,5 Meter;

3.

für Sumpfbiber 45 Zentimeter;

4.

75

für Chinchillas einen Meter.

(7) Der Boden der Haltungseinrichtung

1.
    darf für Füchse und Marderhunde zur Ableitung flüssiger Ausscheidungen einen Perforationsgrad von höchstens 10 Prozent aufweisen und muss auf einer Fläche von mindestens zwei Quadratmetern so beschaffen sein, dass die Tiere graben können,

2.
    muss für Sumpfbiber, mit Ausnahme des Bereichs um das Schwimmbecken, planbefestigt sein,

3.
    muss für Nerze, Iltisse und Chinchillas mindestens zur Hälfte planbefestigt sein.

(8) Die Haltungseinrichtung muss

1.
    für Nerze und Iltisse mit mindestens einer Plattform je Tier, auf der ein ausgewachsenes Tier liegen und sich aufrichten kann und unter der sich ein ausgewachsenes Tier aufrichten kann, sowie mit Vorrichtungen zum Klettern, die nicht aus Drahtgitter bestehen, Haltungseinrichtungen für Nerze zusätzlich mit einem mit Wasser gefüllten Schwimmbecken mit einer Oberfläche von mindestens einem Quadratmeter und einer Wassertiefe von mindestens 30 Zentimetern,

2.
    für Füchse und Marderhunde mit mindestens einer Plattform je Tier, auf denen ein ausgewachsenes Tier liegen und aufrecht sitzen kann und unter denen ein ausgewachsenes Tier aufrecht sitzen kann,

3.
    für Sumpfbiber mit einem mit Wasser gefüllten Schwimmbecken mit einer Oberfläche von mindestens einem Quadratmeter je Tier und einer Wassertiefe von mindestens 30 Zentimetern,

4.
    für Chinchillas mit mindestens einer Plattform je Tier sowie einem mit quarzfreiem Sand gefüllten Sandbad von mindestens 250 Quadratzentimeter Fläche

ausgestattet sein. Haltungseinrichtungen müssen ferner mit Tunnelröhren, Haltungseinrichtungen für Sumpfbiber und Chinchillas zusätzlich mit Kisten ausgestattet sein.

(9) Gebäude müssen so zu beleuchten sein, dass sich die Tiere untereinander erkennen und durch die mit der Fütterung und Pflege betrauten Personen in Augenschein genommen werden können. Gebäude, die nach dem 12. Dezember 2006 in Benutzung genommen werden, müssen mit Lichtöffnungen versehen sein, deren Fläche mindestens 5 Prozent der Grundfläche entspricht und die so angeordnet sind, dass eine möglichst gleichmäßige Verteilung des Lichts gewährleistet wird.

-

§ 41 Allgemeine Anforderungen an das Halten von Pelztieren

(1) Wer Pelztiere hält, hat sicherzustellen, dass

1.
    nicht ausgewachsene Tiere nicht einzeln gehalten werden;

2.
    jedes Tier Artgenossen sehen kann;

3.
    jedes Tier jederzeit Zugang zu geeignetem Tränkwasser hat;

4.
    jedes Tier jederzeit Zugang zu verhaltensgerechtem Beschäftigungsmaterial außerhalb des Nestkastens hat;

5.

76

6. der Nestkasten mit Heu, Stroh oder einem anderen geeigneten Material versehen ist, das gewährleistet, dass die Tiere den Nestkasten mit ihrer Körperwärme warm halten können;

7. die Exkremente mindestens täglich aus dem Gebäude oder Gebäudeteil, in dem die Tiere gehalten werden, oder bei der Haltung außerhalb geschlossener Gebäude mindestens wöchentlich entfernt werden;

8. die Haltungseinrichtung jeweils zwischen dem Ausstallen und dem nächsten Einstallen der Tiere gereinigt und desinfiziert wird.

(2) Pelztiere sollen von Geburt an an den Umgang mit Menschen gewöhnt werden.

–

§ 42 Besondere Anforderungen an das Halten von Nerzen, Iltissen, Füchsen und Marderhunden

Jungtiere dürfen erst im Alter von über neun Wochen abgesetzt werden. Abweichend von Satz 1 können Jungtiere früher abgesetzt werden, soweit dies zum Schutz des Muttertieres oder der Jungtiere vor Schmerzen, Leiden oder Schäden erforderlich ist.

–

§ 43 Besondere Anforderungen an das Halten von Sumpfbibern und Chinchillas

Wer mehrere Sumpfbiber oder Chinchillas auf demselben Grundstück hält, hat sie, soweit nicht ein Fall des § 4 Abs. 1 Satz 1 Nr. 3 vorliegt, in der Gruppe zu halten.

<u>Abschnitt 8</u>
<u>Ordnungswidrigkeiten und Schlussbestimmungen</u>

–

§ 44 Ordnungswidrigkeiten

(1) Ordnungswidrig im Sinne des § 18 Abs. 1 Nr. 3 Buchstabe a des Tierschutzgesetzes handelt, wer vorsätzlich oder fahrlässig

1. entgegen § 4 Abs. 1 Satz 1 Nr. 2 oder § 11 Nr. 1 nicht sicherstellt, dass das Befinden der Tiere überprüft wird und tote Tiere entfernt werden,

2. entgegen § 4 Abs. 1 Satz 1 Nr. 3 oder § 35 Absatz 2 Satz 2 oder Satz 3 nicht sicherstellt, dass eine Maßnahme ergriffen oder ein Tierarzt hinzugezogen wird,

3. entgegen § 4 Abs. 1 Satz 1 Nr. 4 nicht sicherstellt, dass alle Tiere täglich mit Futter und Wasser in ausreichender Menge und Qualität versorgt sind,

4. entgegen § 4 Abs. 1 Satz 1 Nr. 5 nicht sicherstellt, dass eine dort genannte Einrichtung, ein Notstromaggregat oder eine Alarmanlage überprüft wird,

5. entgegen § 4 Abs. 1 Satz 1 Nr. 6 nicht sicherstellt, dass ein Mangel abgestellt oder eine Vorkehrung getroffen wird und der Mangel zu dem dort genannten Zeitpunkt behoben ist,

6. entgegen § 4 Abs. 1 Satz 1 Nr. 7 nicht sicherstellt, dass Vorsorge getroffen ist,

7. entgegen § 5 Satz 1 Nr. 2 einen Maulkorb verwendet,

8.

9.

entgegen § 5 Satz 1 Nr. 3 ein Kalb anbindet oder sonst festlegt,

10.

entgegen § 6 Abs. 1 in Verbindung mit Abs. 2 Nr. 1 oder 2 Buchstabe a oder c, §§ 7, 8 Abs. 1 oder § 9 Abs. 1 Satz 1 oder Abs. 3 ein Kalb hält,

11.

entgegen § 8 Abs. 2 Satz 1, § 9 Abs. 2 Satz 1 oder § 10 Abs. 1 Satz 1 oder Abs. 2 Kälber in Gruppen hält,

12.

entgegen § 11 Nr. 3 nicht sicherstellt, dass der Eisengehalt der Milchaustauschertränke mindestens 30 Milligramm je Kilogramm beträgt oder eine ausreichende Eisenversorgung erfolgt,

13.

entgegen § 11 Nr. 4 nicht sicherstellt, dass ein Kalb jederzeit Zugang zu Wasser hat,

14.

entgegen § 11 Nr. 5 nicht sicherstellt, dass ein Kalb gefüttert wird,

15.

entgegen § 11 Nr. 6 nicht sicherstellt, dass das dort genannte Futter angeboten wird,

16.

entgegen § 11 Nr. 8 nicht sicherstellt, dass Anbindevorrichtungen überprüft und angepasst werden,

17.

entgegen § 11 Nr. 9 Buchstabe a nicht sicherstellt, dass die dort genannte Beleuchtungsdauer und Lichtstärke gewährleistet ist,

18.

entgegen § 13 Absatz 1 in Verbindung mit

a)

§ 13 Absatz 3 oder Absatz 5 Nummer 3, 6 oder 7 oder

b)

§ 13a Absatz 2 Satz 1, 4 oder 5, Absatz 4, Absatz 6 Nummer 2, Absatz 7 oder 8 Satz 1 oder 2

eine Legehenne hält,

19.

entgegen § 14 Abs. 1 Nr. 1 nicht sicherstellt, dass Legehennen Zugang zu Tränkwasser haben,

20.

entgegen § 14 Abs. 1 Nr. 3 nicht sicherstellt, dass eine Haltungseinrichtung gereinigt oder ein dort genannter Gegenstand desinfiziert wird,

21.

entgegen § 14 Abs. 1 Nr. 4 nicht sicherstellt, dass nur dort genannte Legehennen eingestallt werden,

21a.

entgegen § 17 Absatz 1 ein Masthuhn hält,

22.

entgegen § 17 Absatz 7 nicht sicherstellt, dass die dort genannten Personen in den dort genannten Kenntnissen und Fertigkeiten angewiesen und angeleitet werden,

23.

entgegen § 18 Absatz 1 Satz 1 Nummer 1, 3 oder Nummer 4 nicht sicherstellt, dass die Tränkevorrichtungen in der dort genannten Weise installiert und instand gehalten werden,

23a.

entgegen § 18 Absatz 2 Satz 1 Nummer 1 oder Nummer 2 nicht sicherstellt, dass die Fütterungseinrichtungen in der dort genannten Weise installiert und instand gehalten werden,

entgegen § 19 Absatz 1 Satz 1 Nummer 4 nicht sicherstellt, dass die dort genannten Anforderungen an die Lichtintensität, die Ausleuchtung oder den Einfall natürlichen Tageslichtes eingehalten werden,

23b.
entgegen § 19 Absatz 1 Satz 1 Nummer 5 nicht sicherstellt, dass das dort genannte Lichtprogramm betrieben wird,

24.
entgegen § 19 Absatz 1 Satz 1 Nummer 6 nicht sicherstellt, dass Teile von Stallungen, Ausrüstungen oder Geräten gereinigt und desinfiziert werden,

25.
entgegen § 19 Absatz 3 nicht sicherstellt, dass die Masthühnerbesatzdichte 39 kg/m^2 nicht überschreitet,

26.
entgegen § 19 Absatz 4 nicht sicherstellt, dass im Durchschnitt dreier aufeinander folgender Mastdurchgänge die Masthühnerbesatzdichte 35 kg/m^2 nicht überschreitet,

27.
entgegen § 19 Absatz 5 Satz 1 oder Absatz 6 Satz 1 Aufzeichnungen nicht, nicht richtig oder nicht vollständig fertigt,

28.
entgegen § 19 Absatz 7 Satz 1 eine Aufzeichnung nicht oder nicht rechtzeitig vorlegt,

29.
entgegen § 19 Absatz 7 Satz 2 eine Aufzeichnung nicht oder nicht mindestens 3 Jahre ab der Fertigung aufbewahrt,

29a.
entgegen § 19 Absatz 9 Satz 1 die dort genannte Mitteilung nicht oder nicht rechtzeitig macht,

30.
entgegen § 22 Absatz 1 in Verbindung mit Absatz 2 Satz 1 Nummer 1, 2 oder 4, Absatz 3 Nummer 1, 4, 5, 6 oder 8 oder Absatz 4 Satz 1, § 23 Absatz 1, § 24 Absatz 1, § 25, § 26 Absatz 4 Satz 1, § 28 Absatz 2 Nummer 1 oder 2, § 28 Absatz 2 Nummer 3 oder 5, jeweils in Verbindung mit § 29 Absatz 3 oder § 30 Absatz 8, oder § 30 Absatz 1 in Verbindung mit Absatz 2 Satz 1, 2 oder 3, Absatz 3, 5, 6 oder 7 Satz 2 ein Schwein hält,

31.
entgegen § 26 Absatz 1 Nummer 1 nicht sicherstellt, dass ein Schwein jederzeit Zugang zu Beschäftigungsmaterial hat,

32.
entgegen § 26 Absatz 1 Nummer 2 nicht sicherstellt, dass ein Schwein jederzeit Zugang zu Wasser hat,

33.
entgegen § 26 Absatz 2 Satz 1 einen Stall nicht oder nicht richtig beleuchtet,

34.
entgegen § 27 Absatz 1 Satz 1 ein Ferkel absetzt,

35.
entgegen § 27 Absatz 2, auch in Verbindung mit § 28 Absatz 3, nicht sicherstellt, dass die dort genannte Temperatur nicht unterschritten wird,

36.
entgegen § 29 Absatz 2 Satz 1 eine Bodenfläche nicht oder nicht richtig zur Verfügung stellt;

37.
entgegen § 32 Absatz 1 in Verbindung mit Absatz 2 Satz 1, Absatz 3, Absatz 4 Satz 1, Absatz 5, 6, 7 oder Absatz 8 oder entgegen § 33 Absatz 1 in Verbindung mit Absatz 2, 3 Satz 2, Absatz 4 oder Absatz 5 oder entgegen § 34 Absatz 1 in Verbindung mit Absatz 2 Satz 2 oder Absatz 3 Nummer 1, 2, 3 oder Nummer 5, Absatz 4 oder Absatz 5 oder entgegen § 36 Absatz 1 Satz 1 ein Kaninchen hält,

38.
entgegen § 33 Absatz 3 Satz 1 Nummer 1 oder entgegen § 34 Absatz 2 Satz 1 Nummer 1 nicht sicherstellt, dass eine dort genannte Bodenfläche zur Verfügung steht,

39.

40. entgegen § 33 Absatz 3 Satz 1 Nummer 2 nicht sicherstellt, dass eine dort genannte vorgesehene Mindestfläche zur Verfügung steht,

41. entgegen § 33 Absatz 3 Satz 1 Nummer 3 oder entgegen § 34 Absatz 2 Satz 1 Nummer 2 nicht sicherstellt, dass eine Haltungseinrichtung die dort genannte Höhe aufweist,

41a. entgegen § 35 Absatz 1 Nummer 1 nicht sicherstellt, dass ein Kaninchen jederzeit Zugang zu grob strukturiertem Raufutter und zu Nagematerial hat,

42. entgegen § 35 Absatz 1 Nummer 4 nicht sicherstellt, dass während der Lichtstunden die Beleuchtungsstärke mindestens 40 Lux, in Kopfhöhe der Tiere gemessen, beträgt,

42a. entgegen § 35 Absatz 1 Nummer 6 nicht sicherstellt, dass bei Verwendung künstlicher Beleuchtung die künstliche Beleuchtung für mindestens acht Stunden ununterbrochen während der Nacht zurückgeschaltet wird,

42b. entgegen § 35 Absatz 1 Nummer 7 nicht sicherstellt, dass die Dauer der ununterbrochenen Lichtstunden mit einer Stärke von mindestens 40 Lux mindestens acht Stunden beträgt,

43. entgegen § 35 Absatz 2 Satz 1 nicht sicherstellt, dass die Kaninchen in der dort genannten Weise in Augenschein genommen werden,

44. entgegen § 35 Absatz 4 Satz 1, § 36 Absatz 4 Satz 1, auch in Verbindung mit § 37 Absatz 4, oder § 37 Absatz 5 Satz 1 oder Satz 2 eine Aufzeichnung nicht, nicht richtig oder nicht vollständig führt,

44a. entgegen § 35 Absatz 5, auch in Verbindung mit § 37 Absatz 5 Satz 3, oder § 36 Absatz 4 Satz 2, auch in Verbindung mit § 37 Absatz 4, eine Aufzeichnung nicht oder nicht mindestens drei Jahre aufbewahrt oder nicht oder nicht rechtzeitig vorlegt,

44b. entgegen § 35a Absatz 1 ein Kaninchen hält,

45. entgegen § 35 Absatz 7 nicht sicherstellt, dass eine dort genannte Person in den dort genannten Kenntnissen und Fertigkeiten angewiesen und angeleitet wird,

45a. entgegen § 36 Absatz 3 Nummer 1, auch in Verbindung mit § 37 Absatz 4, eine Ursache nicht oder nicht rechtzeitig feststellen lässt,

46. entgegen § 37 Absatz 1 eine Häsin besamt oder deckt,

47. entgegen § 37 Absatz 2 Satz 1 ein Jungtier absetzt,

48. entgegen § 40 Absatz 1 ein Pelztier hält,

49. entgegen § 41 Absatz 1 Nummer 1 nicht sicherstellt, dass nicht ausgewachsene Pelztiere nicht einzeln gehalten werden,

50. entgegen § 41 Absatz 1 Nummer 3 nicht sicherstellt, dass jedes Tier Zugang zu Tränkwasser hat,

51. entgegen § 41 Absatz 1 Nummer 5 nicht sicherstellt, dass der Nestkasten mit Heu, Stroh oder einem anderen geeigneten Material versehen ist,

52. entgegen § 41 Absatz 1 Nummer 6 nicht sicherstellt, dass die Exkremente entfernt werden,

80

entgegen § 41 Absatz 1 Nummer 7 nicht sicherstellt, dass eine Haltungseinrichtung gereinigt und desinfiziert wird,

53.

entgegen § 42 Satz 1 Jungtiere absetzt oder

54.

entgegen § 43 mehrere Sumpfbiber oder Chinchillas nicht in der Gruppe hält.

(2) Ordnungswidrig im Sinne des § 18 Abs. 1 Nr. 3 Buchstabe b des Tierschutzgesetzes handelt, wer vorsätzlich oder fahrlässig entgegen § 4 Abs. 2 Satz 1 oder 3 auch in Verbindung mit § 14 Abs. 2 Satz 2, oder § 14 Abs. 2 Satz 1 eine Aufzeichnung nicht, nicht richtig, nicht vollständig oder nicht rechtzeitig macht, nicht oder nicht mindestens drei Jahre aufbewahrt oder nicht oder nicht rechtzeitig vorlegt.

–

§ 45 Übergangsregelungen

(1) Abweichend von § 6 Abs. 2 Nr. 3, soweit die Ausstattung mit Lichtöffnungen betroffen ist, dürfen Kälber noch bis zum 1. Januar 2008 in Ställen gehalten werden, die vor dem 1. Januar 1994 in Benutzung genommen worden sind.

(2) Abweichend von § 6 Abs. 4 dürfen Kälber noch bis zum 31. Dezember 2003 in Ställen gehalten werden, die bis zum 31. Dezember 1997 in Benutzung genommen worden sind und den bis zu diesem Zeitpunkt geltenden Vorschriften der Kälberhaltungsverordnung entsprechen.

(2a) Abweichend von § 4 Absatz 1 Satz 1 Nummer 9 darf Geflügel bis zum 9. Oktober 2012 in Haltungseinrichtungen gehalten werden, in denen kein flackerfreies Licht zur künstlichen Beleuchtung verwendet wird.

(3) Abweichend von § 13, auch in Verbindung mit § 13a, dürfen Legehennen in Haltungseinrichtungen, die vor dem 13. März 2002 bereits genehmigt oder in Benutzung genommen worden sind, noch bis zum Ablauf des 31. Dezember 2020 gehalten werden, wenn diese so beschaffen sind, dass je Legehenne

1.

eine uneingeschränkt nutzbare und horizontal bemessene Käfigfläche von mindestens 750 Quadratzentimetern vorhanden ist, wobei bei der Flächenberechnung je Legehenne 150 Quadratzentimeter Nestfläche berücksichtigt werden, sofern diese über die Eiablage hinaus genutzt werden kann, unmittelbar an eine nutzbare Fläche anschließt, eine lichte Höhe von mindestens 45 Zentimetern vorhanden ist, die Rückzugsmöglichkeit zur Eiablage uneingeschränkt erhalten bleibt und die Grundfläche dieser Käfige jeweils mindestens 2 000 Quadratzentimeter beträgt,

2.

ein uneingeschränkt nutzbarer Futtertrog mit einer Länge von mindestens zwölf Zentimetern zur Verfügung steht,

3.

ein Nest, ein Einstreubereich, in dem das Picken und Scharren möglich ist, sowie geeignete Sitzstangen mit einem Platzangebot von mindestens 15 Zentimetern zur Verfügung stehen und

4.

eine geeignete Vorrichtung zum Kürzen der Krallen vorhanden ist.

(4) Abweichend von § 13, auch in Verbindung mit § 13a, dürfen Legehennen in Haltungseinrichtungen, die vor dem 22. April 2016 bereits für die Kleingruppenhaltung nach § 13b in der bis zum Ablauf des 31. März 2012 anwendbaren Fassung dieser Verordnung genehmigt oder in Benutzung genommen worden sind, noch bis zum Ablauf des 31. Dezember 2025 gehalten werden, soweit die Anforderungen des § 13 in der bis zum 21. April 2016 geltenden Fassung dieser Verordnung und des § 13b in der bis zum Ablauf des 31. März 2012 anwendbaren Fassung dieser Verordnung erfüllt sind. Auf Antrag des Tierhalters kann die zuständige Behörde die weitere Benutzung einer Haltungseinrichtung nach Satz 1 längstens bis zum Ablauf des 31. Dezember 2028 genehmigen, soweit dies im Einzelfall zur Vermeidung einer unbilligen Härte erforderlich ist

und zum Zeitpunkt der Entscheidung Gründe des Tierschutzes, die nicht in der Haltungsform begründet sind, nicht entgegenstehen.

(5) (weggefallen)

(6) (weggefallen)

(7) (weggefallen)

(8) Abweichend von § 22 Absatz 1 in Verbindung mit Absatz 2 Nummer 4 dürfen Schweine in Haltungseinrichtungen, die vor dem 4. August 2006 bereits genehmigt oder in Benutzung genommen worden sind, noch bis zum 31. Dezember 2012 gehalten werden.

(9) Abweichend von § 22 Absatz 1 in Verbindung mit Absatz 3 Nummer 4, 5 und 8 dürfen Schweine mit einem Gewicht über 30 Kilogramm in Haltungseinrichtungen, die vor dem 4. August 2006 bereits genehmigt oder in Benutzung genommen worden sind, noch bis zum 31. Dezember 2012 gehalten werden.

(10) Abweichend von § 24 Absatz 1 in Verbindung mit Absatz 2 und von § 30 Absatz 1 in Verbindung mit Absatz 2 dürfen Jungsauen und Sauen einzeln in Haltungseinrichtungen, die vor dem 4. August 2006 bereits genehmigt oder in Benutzung genommen worden sind, noch bis zum 31. Dezember 2012 gehalten werden, wenn sie jeweils nach dem Absetzen der Ferkel insgesamt vier Wochen lang täglich freie Bewegung erhalten.

(11) Abweichend von § 24 Absatz 1 in Verbindung mit Absatz 3 dürfen Jungsauen und Sauen in Haltungseinrichtungen, die vor dem 4. August 2006 bereits genehmigt oder in Benutzung genommen worden sind, noch bis zum 31. Dezember 2012 gehalten werden.

(12) Abweichend von § 24 Absatz 1 in Verbindung mit Absatz 6 Nummer 1 und 2 dürfen Jungsauen und Sauen in Fress- und Liegebuchten für die Gruppenhaltung, die vor dem 4. August 2006 bereits genehmigt oder in Benutzung genommen worden sind, noch bis zum 31. Dezember 2012 gehalten werden. Abweichend von § 24 Absatz 1 in Verbindung mit Absatz 6 Nummer 3 dürfen Jungsauen und Sauen in Fress- und Liegebuchten für die Gruppenhaltung, die vor dem 4. August 2006 bereits genehmigt oder in Benutzung genommen worden sind, noch bis zum 31. Dezember 2018 gehalten werden, soweit sichergestellt ist, dass die Tiere sich ungehindert auf dem Gang umdrehen und aneinander vorbeigehen können.

(13) Abweichend von § 26 Absatz 1 Nummer 2 dürfen Schweine in Haltungseinrichtungen, die vor dem 4. August 2006 bereits genehmigt oder in Benutzung genommen worden sind, noch bis zum 4. August 2011 gehalten werden, wenn jedes Schwein jederzeit Zugang zu Wasser in ausreichender Menge und Qualität hat.

(14) Abweichend von § 28 Absatz 2 Nummer 2 dürfen Absatzferkel in Haltungseinrichtungen, die vor dem 4. August 2006 bereits genehmigt oder in Benutzung genommen worden sind, noch bis zum 4. August 2016 gehalten werden, wenn für jedes Absatzferkel mindestens eine uneingeschränkt nutzbare Bodenfläche nach folgender Tabelle zur Verfügung steht:

Durchschnittsgewicht in Kilogramm	Mindestfläche je Tier in Quadratmetern
bis 10	0,15
über 10 bis 20	0,2
über 20	0,3

(15) Abweichend von § 29 Absatz 2 dürfen Zuchtläufer und Mastschweine in Haltungseinrichtungen, die vor dem 4. August 2006 bereits genehmigt oder in Benutzung genommen worden sind, noch bis zum 31. Dezember 2012 gehalten werden, wenn entsprechend dem Durchschnittsgewicht der Tiere für jedes Schwein eine uneingeschränkt nutzbare Bodenfläche nach folgender Tabelle zur Verfügung steht:

Durchschnittsgewicht in Kilogramm	Bodenfläche je Tier in Quadratmetern
über 30 bis 50	0,4

über 50 bis 85	0,55
über 85 bis 110	0,65
über 110	1,0.

(16) Abweichend von § 30 Absatz 1 in Verbindung mit Absatz 2 und 3 dürfen Jungsauen und Sauen in Haltungseinrichtungen, die vor dem 4. August 2006 bereits genehmigt oder in Benutzung genommen worden sind, noch bis zum 31. Dezember 2012 gehalten werden, wenn sie jeweils nach dem Absetzen der Ferkel insgesamt vier Wochen lang täglich freie Bewegung erhalten.

(17) Abweichend von § 32 Absatz 1 in Verbindung mit Absatz 3 Nummer 2 dürfen Kaninchen in Haltungseinrichtungen, die vor dem 11. August 2014 bereits genehmigt oder in Benutzung genommen worden sind,

1. noch bis zum Ablauf des 10. Februar 2019 gehalten werden;

2. noch bis zum Ablauf des 10. Februar 2024 gehalten werden, wenn den Kaninchen spätestens bis zum Ablauf des in Nummer 1 genannten Zeitpunkts eine Fläche zur Verfügung steht, die Auftrittsbreiten nach § 32 Absatz 3 Nummer 2 und Spalten- oder Lochweiten nach § 32 Absatz 3 Nummer 2 aufweist und mindestens ein Drittel der uneingeschränkt nutzbaren Bodenfläche nach § 33 Absatz 3 Satz 1 Nummer 1 oder § 34 Absatz 2 Satz 1 Nummer 1 beträgt.

(18) Abweichend von § 32 Absatz 1 in Verbindung mit Absatz 4 dürfen Kaninchen in Haltungseinrichtungen, die vor dem 11. August 2014 bereits genehmigt oder in Benutzung genommen worden sind,

1. noch bis zum Ablauf des 10. Februar 2019 gehalten werden;

2. noch bis zum Ablauf des 10. Februar 2024 gehalten werden, wenn für jedes Kaninchen spätestens bis zum Ablauf des in Nummer 1 genannten Zeitpunkts mindestens eine uneingeschränkt nutzbare Bodenfläche nach folgender Tabelle zur Verfügung steht:

Nutzungsart	Fläche in Quadratzentimetern
Mast	1 000
Zucht	4 000.

(19) Abweichend von § 32 Absatz 1 in Verbindung mit Absatz 5 dürfen Kaninchen in Haltungseinrichtungen, die vor dem 11. August 2014 bereits genehmigt oder in Benutzung genommen worden sind, noch bis zum Ablauf des 10. Februar 2019 gehalten werden.

(20) Abweichend von § 32 Absatz 1 in Verbindung mit Absatz 6 dürfen Kaninchen in Haltungseinrichtungen, die vor dem 11. August 2014 bereits genehmigt oder in Benutzung genommen worden sind, noch bis zum Ablauf des 10. Februar 2019 gehalten werden.

(21) Abweichend von § 32 Absatz 1 in Verbindung mit Absatz 7 dürfen Kaninchen in Haltungseinrichtungen, die vor dem 11. August 2014 bereits genehmigt oder in Benutzung genommen worden sind, noch bis zum Ablauf des 10. Februar 2019 gehalten werden.

(22) Abweichend von § 32 Absatz 1 in Verbindung mit Absatz 8 Satz 1 dürfen Kaninchen in Haltungseinrichtungen, die vor dem 11. August 2014 bereits genehmigt oder in Benutzung genommen worden sind, noch bis zum Ablauf des 10. Februar 2024 gehalten werden.

(23) Abweichend von § 33 Absatz 1 in Verbindung mit Absatz 3 Satz 1 Nummer 1 dürfen Mastkaninchen in Haltungseinrichtungen, die vor dem 11. August 2014 bereits genehmigt oder in Benutzung genommen worden sind,

1. noch bis zum Ablauf des 10. Februar 2019 gehalten werden;

2.

noch bis zum Ablauf des 10. Februar 2024 gehalten werden, wenn für jedes Mastkaninchen spätestens bis zum Ablauf des in Nummer 1 genannten Zeitpunkts mindestens eine uneingeschränkt nutzbare Bodenfläche nach folgender Tabelle zur Verfügung steht:

Mastkaninchen	Fläche in Quadratzentimetern
1. bis 10. Tier	1 000
ab 11. Tier	700.

(24) Abweichend von § 33 Absatz 1 in Verbindung mit Absatz 3 Satz 1 Nummer 2 dürfen Mastkaninchen in Haltungseinrichtungen, die vor dem 11. August 2014 bereits genehmigt oder in Benutzung genommen worden sind,

1.

noch bis zum Ablauf des 10. Februar 2019 gehalten werden;

2.

noch bis zum Ablauf des 10. Februar 2024 gehalten werden, wenn spätestens bis zum Ablauf des in Nummer 1 genannten Zeitpunkts den Kaninchen eine Mindestfläche von 4 000 Quadratzentimetern zur Verfügung steht.

(25) Abweichend von § 33 Absatz 1 in Verbindung mit Absatz 3 Satz 1 Nummer 3 dürfen Mastkaninchen in Haltungseinrichtungen, die vor dem 11. August 2014 bereits genehmigt oder in Benutzung genommen worden sind, noch bis zum Ablauf des 10. Februar 2024 gehalten werden.

(25a) Abweichend von § 33 Absatz 1 in Verbindung mit Absatz 3 Satz 2 dürfen Mastkaninchen in Haltungseinrichtungen, die vor dem 11. August 2014 bereits genehmigt oder in Benutzung genommen worden sind,

1.

noch bis zum Ablauf des 10. Februar 2019 gehalten werden;

2.

noch bis zum Ablauf des 10. Februar 2024 gehalten werden, wenn den Mastkaninchen spätestens bis zum Ablauf des in Nummer 1 genannten Zeitpunkts eine Fläche zur Verfügung steht, die Auftrittsbreiten nach § 32 Absatz 3 Nummer 2 und Spalten- oder Lochweiten nach § 32 Absatz 3 Nummer 2 aufweist und mindestens ein Drittel der uneingeschränkt nutzbaren Bodenfläche nach § 33 Absatz 3 Satz 1 Nummer 1 beträgt.

(26) Abweichend von § 34 Absatz 1 in Verbindung mit Absatz 2 Satz 1 Nummer 1 dürfen Zuchtkaninchen in Haltungseinrichtungen, die vor dem 11. August 2014 bereits genehmigt oder in Benutzung genommen worden sind,

1.

noch bis zum Ablauf des 10. Februar 2019 gehalten werden;

2.

noch bis zum Ablauf des 10. Februar 2024 gehalten werden, wenn spätestens bis zum Ablauf des in Nummer 1 genannten Zeitpunkts für jedes Zuchtkaninchen mindestens eine uneingeschränkt nutzbare Bodenfläche von 4 000 Quadratzentimetern zur Verfügung steht.

(27) Abweichend von § 34 Absatz 1 in Verbindung mit Absatz 2 Satz 1 Nummer 2 dürfen Zuchtkaninchen in Haltungseinrichtungen, die vor dem 11. August 2014 bereits genehmigt oder in Benutzung genommen worden sind, noch bis zum Ablauf des 10. Februar 2024 gehalten werden.

(27a) Abweichend von § 34 Absatz 1 in Verbindung mit Absatz 2 Satz 2 dürfen Zuchtkaninchen in Haltungseinrichtungen, die vor dem 11. August 2014 bereits genehmigt oder in Benutzung genommen worden sind,

1.

noch bis zum Ablauf des 10. Februar 2019 gehalten werden;

2.

noch bis zum Ablauf des 10. Februar 2024 gehalten werden, wenn den Zuchtkaninchen spätestens bis zum Ablauf des in Nummer 1 genannten Zeitpunkts eine Fläche zur

Verfügung steht, die Auftrittsbreiten nach § 32 Absatz 3 Nummer 2 und Spalten- oder Lochweiten nach § 32 Absatz 3 Nummer 2 aufweist und mindestens ein Drittel der uneingeschränkt nutzbaren Bodenfläche nach § 34 Absatz 2 Satz 1 Nummer 1 beträgt.

(28) Abweichend von § 34 Absatz 1 in Verbindung mit Absatz 3 Nummer 1, 2 und 5 dürfen Zuchtkaninchen in Haltungseinrichtungen, die vor dem 11. August 2014 bereits genehmigt oder in Benutzung genommen worden sind, noch bis zum Ablauf des 10. Februar 2024 gehalten werden.

(29) Abweichend von § 36 Absatz 1 Satz 1 dürfen Mastkaninchen in Haltungseinrichtungen, die vor dem 11. August 2014 bereits genehmigt oder in Benutzung genommen worden sind, noch bis zum Ablauf des 10. Februar 2019 gehalten werden.

(30) Abweichend von § 32 in Verbindung mit § 33 Absatz 1, 2 Nummer 2, Absatz 3 und 8 Satz 1 Nummer 4 und Satz 2 sowie mit § 34 Absatz 1 Nummer 4 und 5 dürfen Pelztiere in Haltungseinrichtungen, die vor dem Inkrafttreten dieser Verordnung bereits genehmigt oder in Benutzung genommen worden sind, noch bis zum 11. Juni 2007 gehalten werden.

(31) Abweichend von § 32 in Verbindung mit § 33 Absatz 1 und 5 dürfen Pelztiere noch bis zum 11. Dezember 2011 gehalten werden.

(32) Abweichend von § 32 in Verbindung mit § 33 Absatz 1, 6, 7 und 8 Satz 1 Nummer 1 bis 3 dürfen Pelztiere noch bis zum 11. Dezember 2016 gehalten werden.

-

§ 46 (Inkrafttreten, Außerkrafttreten)

Tierschutz-Hundeverordnung

TierSchHuV

Ausfertigungsdatum: 02.05.2001

"Tierschutz-Hundeverordnung vom 2. Mai 2001 (BGBl. I S. 838), die durch Artikel 3 der Verordnung vom 12. Dezember 2013 (BGBl. I S. 4145) geändert worden ist".Geändert durch Art. 3 V v. 12.12.2013 I 4145

Eingangsformel

Das Bundesministerium für Verbraucherschutz, Ernährung und Landwirtschaft verordnet jeweils in Verbindung mit Artikel 56 des Zuständigkeitsanpassungs-Gesetzes vom 18. März 1975 (BGBl. I S. 705) und dem Organisationserlass vom 22. Januar 2001 (BGBl. I S. 127) auf Grund des § 2a Abs. 1, des § 11b Abs. 5 sowie des § 12 Abs. 2 Satz 1 Nr. 4, jeweils in Verbindung mit § 16b Abs. 1 Satz 2 des Tierschutzgesetzes in der Fassung der Bekanntmachung vom 25. Mai 1998 (BGBl. I S. 1105, 1818), von denen § 2a Abs. 1 Nr. 5, § 11b Abs. 5 und § 12 Abs. 2 Satz 1 Nr. 4 durch Artikel 2 des Gesetzes vom 12. April 2001 (BGBl. I S. 530) geändert worden sind, nach Anhörung der Tierschutzkommission:

-

§ 1 Anwendungsbereich

(1) Diese Verordnung gilt für das Halten und Züchten von Hunden *(Canis lupus* f. familiaris).

(2) Die Vorschriften dieser Verordnung sind nicht anzuwenden

1.

während des Transportes,

2.

während einer tierärztlichen Behandlung, soweit nach dem Urteil des Tierarztes im Einzelfall andere Anforderungen an die Haltung notwendig sind,

3.

bei einer Haltung zu Versuchszwecken im Sinne des § 7 Absatz 2 des Tierschutzgesetzes, soweit für den verfolgten wissenschaftlichen Zweck andere Anforderungen an die Haltung unerlässlich sind.

-

§ 2 Allgemeine Anforderungen an das Halten

(1) Einem Hund ist ausreichend Auslauf im Freien außerhalb eines Zwingers oder einer Anbindehaltung sowie ausreichend Umgang mit der Person, die den Hund hält, betreut oder zu betreuen hat (Betreuungsperson), zu gewähren. Auslauf und Sozialkontakte sind der Rasse, dem Alter und dem Gesundheitszustand des Hundes anzupassen.

(2) Wer mehrere Hunde auf demselben Grundstück hält, hat sie grundsätzlich in der Gruppe zu halten, sofern andere Rechtsvorschriften dem nicht entgegenstehen. Von der Gruppenhaltung kann abgesehen werden, wenn dies wegen der Art der Verwendung, dem Verhalten oder dem Gesundheitszustand des Hundes erforderlich ist. Nicht aneinander gewöhnte Hunde dürfen nur unter Aufsicht zusammengeführt werden.

(3) Einem einzeln gehaltenen Hund ist täglich mehrmals die Möglichkeit zum länger dauernden Umgang mit Betreuungspersonen zu gewähren, um das Gemeinschaftsbedürfnis des Hundes zu befriedigen.

(4) Ein Welpe darf erst im Alter von über acht Wochen vom Muttertier getrennt werden. Satz 1 gilt nicht, wenn die Trennung nach tierärztlichem Urteil zum Schutz des Muttertieres oder des Welpen vor Schmerzen, Leiden oder Schäden erforderlich ist. Ist nach Satz 2 eine vorzeitige Trennung mehrerer Welpen vom Muttertier erforderlich, sollen diese bis zu einem Alter von acht Wochen nicht voneinander getrennt werden.

-

§ 3 Anforderungen an die Betreuung bei gewerbsmäßigem Züchten

Wer gewerbsmäßig mit Hunden züchtet, muss sicherstellen, dass für jeweils bis zu zehn Zuchthunde und ihre Welpen eine Betreuungsperson zur Verfügung steht, die die dafür notwendigen Kenntnisse und Fähigkeiten gegenüber der zuständigen Behörde nachgewiesen hat.

§ 4 Anforderungen an das Halten im Freien

(1) Wer einen Hund im Freien hält, hat dafür zu sorgen, dass dem Hund

1.

eine Schutzhütte, die den Anforderungen des Absatzes 2 entspricht, und

2.

außerhalb der Schutzhütte ein witterungsgeschützter, schattiger Liegeplatz mit wärmegedämmtem Boden

zur Verfügung stehen. Während der Tätigkeiten, für die ein Hund ausgebildet wurde oder wird, hat die Betreuungsperson dafür zu sorgen, dass dem Hund während der Ruhezeiten ein witterungsgeschützter und wärmegedämmter Liegeplatz zur Verfügung steht.

(2) Die Schutzhütte muss aus wärmedämmendem und gesundheitsunschädlichem Material hergestellt und so beschaffen sein, dass der Hund sich daran nicht verletzen und trocken liegen kann. Sie muss so bemessen sein, dass der Hund

1.

sich darin verhaltensgerecht bewegen und hinlegen und

2.

den Innenraum mit seiner Körperwärme warm halten kann, sofern die Schutzhütte nicht beheizbar ist.

-

§ 5 Anforderungen an das Halten in Räumen

(1) Ein Hund darf nur in Räumen gehalten werden, bei denen der Einfall von natürlichem Tageslicht sichergestellt ist. Die Fläche der Öffnungen für das Tageslicht muss bei der Haltung in Räumen, die nach ihrer Zweckbestimmung nicht dem Aufenthalt von Menschen dienen, grundsätzlich mindestens ein Achtel der Bodenfläche betragen. Satz 2 gilt nicht, wenn dem Hund ständig ein Auslauf ins Freie zur Verfügung steht. Bei geringem Tageslichteinfall sind die Räume entsprechend dem natürlichen Tag-Nacht-Rhythmus zusätzlich zu beleuchten. In den Räumen muss eine ausreichende Frischluftversorgung sichergestellt sein.

(2) Ein Hund darf in Räumen, die nach ihrer Zweckbestimmung nicht dem Aufenthalt von Menschen dienen, nur dann gehalten werden, wenn die benutzbare Bodenfläche den Anforderungen des § 6 Abs. 2 entspricht.

(3) Ein Hund darf in nicht beheizbaren Räumen nur gehalten werden, wenn

1.

diese mit einer Schutzhütte nach § 4 Abs. 2 oder einem trockenen Liegeplatz, der ausreichend Schutz vor Luftzug und Kälte bietet, ausgestattet sind und

2.

außerhalb der Schutzhütte nach Nummer 1 ein wärmegedämmter Liegebereich zur Verfügung steht.

-

§ 6 Anforderungen an die Zwingerhaltung

(1) Ein Hund darf in einem Zwinger nur gehalten werden, der den Anforderungen nach den Absätzen 2 bis 4 entspricht.

(2) In einem Zwinger muss

1.

dem Hund entsprechend seiner Widerristhöhe folgende uneingeschränkt benutzbare Bodenfläche zur Verfügung stehen, wobei die Länge jeder Seite mindestens der doppelten Körperlänge des Hundes entsprechen muss und keine Seite kürzer als zwei Meter sein darf:

Widerristhöhe cm	Bodenfläche mindestens qm
bis 50	6
über 50 bis 65	8
über 65	10,

2.

für jeden weiteren in demselben Zwinger gehaltenen Hund sowie für jede Hündin mit Welpen zusätzlich die Hälfte der für einen Hund nach Nummer 1 vorgeschriebenen Bodenfläche zur Verfügung stehen,

3.

die Höhe der Einfriedung so bemessen sein, dass der aufgerichtete Hund mit den Vorderpfoten die obere Begrenzung nicht erreicht.

Abweichend von Satz 1 Nr. 1 muss für einen Hund, der regelmäßig an mindestens fünf Tagen in der Woche den überwiegenden Teil des Tages außerhalb des Zwingers verbringt, die uneingeschränkt benutzbare Zwingerfläche mindestens sechs Quadratmeter betragen.

(3) Die Einfriedung des Zwingers muss aus gesundheitsunschädlichem Material bestehen und so beschaffen sein, dass der Hund sie nicht überwinden und sich nicht daran verletzen kann. Der Boden muss trittsicher und so beschaffen sein, dass er keine Verletzungen oder Schmerzen verursacht und leicht sauber und trocken zu halten ist. Trennvorrichtungen müssen so beschaffen sein, dass sich die Hunde nicht gegenseitig beißen können. Mindestens eine Seite des Zwingers muss dem Hund freie Sicht nach außen ermöglichen. Befindet sich der Zwinger in einem Gebäude, muss für den Hund der freie Blick aus dem Gebäude heraus gewährleistet sein.

(4) In einem Zwinger dürfen bis zu einer Höhe, die der aufgerichtete Hund mit den Vorderpfoten erreichen kann, keine Strom führenden Vorrichtungen, mit denen der Hund in Berührung kommen kann, oder Vorrichtungen, die elektrische Impulse aussenden, vorhanden sein.

(5) Werden mehrere Hunde auf einem Grundstück einzeln in Zwingern gehalten, so sollen die Zwinger so angeordnet sein, dass die Hunde Sichtkontakt zu anderen Hunden haben.

(6) Hunde dürfen in einem Zwinger nicht angebunden gehalten werden.

-

§ 7 Anforderungen an die Anbindehaltung

(1) Ein Hund darf in Anbindehaltung nur gehalten werden, wenn die Anforderungen der Absätze 2 bis 5 erfüllt sind.

(2) Die Anbindung muss

1.

an einer Laufvorrichtung, die mindestens sechs Meter lang ist, frei gleiten können,

2.

so bemessen sein, dass sie dem Hund einen seitlichen Bewegungsspielraum von mindestens fünf Metern bietet,

3.

so angebracht sein, dass der Hund ungehindert seine Schutzhütte aufsuchen, liegen und sich umdrehen kann.

(3) Im Laufbereich dürfen keine Gegenstände vorhanden sein, die die Bewegungen des Hundes behindern oder zu Verletzungen führen können. Der Boden muss trittsicher und so beschaffen sein, dass er keine Verletzungen oder Schmerzen verursacht und leicht sauber und trocken zu halten ist.

(4) Es dürfen nur breite, nicht einschneidende Brustgeschirre oder Halsbänder verwendet werden, die so beschaffen sind, dass sie sich nicht zuziehen oder zu Verletzungen führen können.
(5) Es darf nur eine Anbindung verwendet werden, die gegen ein Aufdrehen gesichert ist. Das Anbindematerial muss von geringem Eigengewicht und so beschaffen sein, dass sich der Hund nicht verletzen kann.
(6) Bei Begleitung einer Betreuungsperson während der Tätigkeiten, für die der Hund ausgebildet wurde oder wird, kann er abweichend von Absatz 1 nach Maßgabe der Absätze 4 und 5 an einer mindestens drei Meter langen Anbindung angebunden werden.
(7) Die Anbindung ist verboten bei

1.

   einem Hund bis zu einem Alter von zwölf Monaten,

2.

   einer tragenden Hündin im letzten Drittel der Trächtigkeit,

3.

   einer säugenden Hündin,

4.

   einem kranken Hund, wenn ihm dadurch Schmerzen, Leiden oder Schäden zugefügt würden.

–

§ 8 Fütterung und Pflege

(1) Die Betreuungsperson hat dafür zu sorgen, dass dem Hund in seinem gewöhnlichen Aufenthaltsbereich jederzeit Wasser in ausreichender Menge und Qualität zur Verfügung steht. Sie hat den Hund mit artgemäßem Futter in ausreichender Menge und Qualität zu versorgen.
(2) Die Betreuungsperson hat

1.

   den Hund unter Berücksichtigung des der Rasse entsprechendem Bedarfs regelmäßig zu pflegen und für seine Gesundheit Sorge zu tragen;

2.

   die Unterbringung mindestens einmal täglich und die Anbindevorrichtung mindestens zweimal täglich zu überprüfen und Mängel unverzüglich abzustellen;

3.

   für ausreichende Frischluft und angemessene Lufttemperaturen zu sorgen, wenn ein Hund ohne Aufsicht in einem Fahrzeug verbleibt;

4.

   den Aufenthaltsbereich des Hundes sauber und ungezieferfrei zu halten; Kot ist täglich zu entfernen.

–

§ 9 Ausnahmen für das vorübergehende Halten

Die zuständige Behörde kann von den Vorschriften des § 2 Abs. 2 und 3 sowie § 6 Abs. 1 in Verbindung mit Abs. 2 für das vorübergehende Halten von Hunden in Einrichtungen, die Fundhunde oder durch Behörden eingezogene Hunde aufnehmen, befristete Ausnahmen zulassen, wenn sonst die weitere Aufnahme solcher Hunde gefährdet ist.

–

§ 10 Ausstellungsverbot

Es ist verboten, Hunde, bei denen Körperteile, insbesondere Ohren oder Rute, tierschutzwidrig vollständig oder teilweise amputiert wurden, auszustellen oder Ausstellungen solcher Hunde zu veranstalten. Das Ausstellungsverbot nach Satz 1 gilt nicht, sofern der Eingriff vor dem 1. September 2001 und in Übereinstimmung mit den Vorschriften des Tierschutzgesetzes in der zum Zeitpunkt des Eingriffs geltenden Fassung vorgenommen wurde.

–

§ 11 (weggefallen)

–

–

§ 12 Ordnungswidrigkeiten

(1) Ordnungswidrig im Sinne des § 18 Abs. 1 Nr. 3 Buchstabe a des Tierschutzgesetzes handelt, wer vorsätzlich oder fahrlässig

1.

   entgegen § 2 Abs. 4 Satz 1 einen Welpen vom Muttertier trennt,

2.

   entgegen § 3 nicht sicherstellt, dass für jeweils bis zu zehn Zuchthunde und ihre Welpen eine dort genannte Betreuungsperson zur Verfügung steht,

3.

   entgegen § 4 Abs. 1 Satz 1 Nr. 1 oder Satz 2 nicht dafür sorgt, dass dem Hund eine Schutzhütte oder ein Liegeplatz zur Verfügung steht,

4.

   entgegen § 5 Abs. 1 Satz 1 oder Abs. 2 oder 3, § 6 Abs. 1 oder 6 oder § 7 Abs. 1 oder 7 einen Hund hält oder

5.

   entgegen § 8 Abs. 2 Nr. 2 einen Mangel nicht oder nicht rechtzeitig abstellt.

(2) Ordnungswidrig im Sinne des § 18 Abs. 1 Nr. 3 Buchstabe b des Tierschutzgesetzes handelt, wer vorsätzlich oder fahrlässig entgegen § 10 Satz 1 einen Hund ausstellt oder eine Ausstellung veranstaltet.

–

§ 13 (weggefallen)

–

§ 14 Inkrafttreten, Außerkrafttreten

Diese Verordnung tritt am 1. September 2001 in Kraft. Gleichzeitig tritt die Verordnung über das Halten von Hunden im Freien vom 6. Juni 1974 (BGBl. I S. 1265), geändert durch Artikel 2 Nr. 1 des Gesetzes vom 12. August 1986 (BGBl. I S. 1309), außer Kraft.

–

Schlussformel

Der Bundesrat hat zugestimmt.

Gesetz zur Vorbeugung vor und Bekämpfung von Tierseuchen

(Tiergesundheitsgesetz - TierGesG)

TierGesG

Ausfertigungsdatum: 22.05.2013

"Tiergesundheitsgesetz vom 22. Mai 2013 (BGBl. I S. 1324), das zuletzt durch Artikel 4 Absatz 85 des Gesetzes vom 18. Juli 2016 (BGBl. I S. 1666) geändert worden ist". Zuletzt geändert durch Art. 4 Abs. 85 G v. 18.7.2016 I 1666.

Fußnote

(+++ Textnachweis ab: 1.5.2014 +++)

(+++ Zur Nichtanwendung des § 42 Abs. 1 u. 2 ab dem 1.5.2014 vgl. Bek. v. 4.11.2013 I 3942 +++)

-

Eingangsformel

Der Bundestag hat mit Zustimmung des Bundesrates das folgende Gesetz beschlossen:

-

Abschnitt 1
Allgemeines

-

§ 1 Anwendungsbereich

Dieses Gesetz regelt die Vorbeugung vor Tierseuchen und deren Bekämpfung. In diesem Rahmen dient es auch der Erhaltung und Förderung der Gesundheit von Vieh und Fischen, soweit das Vieh oder die Fische der landwirtschaftlichen Erzeugung dient oder dienen. § 39 bleibt unberührt.

-

§ 2 Begriffsbestimmungen

Im Sinne dieses Gesetzes sind

1.
   Tierseuche:

Infektion oder Krankheit, die von einem Tierseuchenerreger unmittelbar oder mittelbar verursacht wird, bei Tieren auftritt und auf

a)

    Tiere oder

b)

    Menschen (Zoonosen)

übertragen werden kann,

2.

Tierseuchenerreger:

Krankheitserreger oder Teil eines Krankheitserregers,

3.

Haustiere:

a)

    vom Menschen gehaltene Tiere, einschließlich der Bienen und Hummeln, sowie,

b)

    wildlebende Klauentiere, die in Gehegen zum Zwecke der Gewinnung von Fleisch für den menschlichen Verzehr gehalten werden (Gehegewild),

ausgenommen Fische,

4.

Vieh:

Haustiere folgender Arten:

a)

    Pferde, Esel, Maulesel, Maultiere, Zebras und Zebroide,

b)

    Rinder einschließlich Bisons, Wisente und Wasserbüffel,

c)

    Schafe und Ziegen,

d)

    Schweine,

e)

    Hasen, Kaninchen,

f)

    Enten, Fasane, Gänse, Hühner, Laufvögel, Perlhühner, Rebhühner, Tauben, Truthühner und Wachteln,

g)

    Gehegewild,

h)

    Kameliden,

5.

Fische:

a)

    Fische, einschließlich Neunaugen und Schleimaale,

b)

    Krebstiere (Crustaceae) und

c)

    Weichtiere (Molluska),

in allen Entwicklungsstadien jeweils einschließlich der Eier und des Spermas,

6.

verdächtige Tiere:

seuchenverdächtige und ansteckungsverdächtige Tiere,

7.

seuchenverdächtige Tiere:

Tiere, an denen sich Erscheinungen zeigen, die den Ausbruch einer Tierseuche befürchten lassen,

8.

ansteckungsverdächtige Tiere:
Tiere, die nicht seuchenverdächtig sind, bei denen aber nicht auszuschließen ist, dass sie
den Tierseuchenerreger aufgenommen haben,

9.
Mitgliedstaat:
Staat, der der Europäischen Union angehört,

10.
Drittland:
Staat, der der Europäischen Union nicht angehört,

11.
innergemeinschaftliches Verbringen:
jedes Verbringen aus einem anderen Mitgliedstaat und nach einem anderen Mitgliedstaat
sowie das Verbringen im Inland zum Zwecke des Verbringens nach einem anderen
Mitgliedstaat,

12.
Einfuhr:
Verbringen aus einem Drittland in die Europäische Union,

13.
Ausfuhr:
Verbringen aus dem Inland in ein Drittland,

14.
Durchfuhr:
Einfuhr von Sendungen oder innergemeinschaftliches Verbringen eingeführter Sendungen
mit anschließender Ausfuhr,

15.
Erzeugnisse:
a)
alle, auch verarbeitete Teile oder Materialien, die von Tieren gewonnen worden sind
oder sonst von Tieren stammen oder aus Tieren oder Teilen von Tieren hergestellt
worden sind, auch in Verbindung mit anderen Gegenständen oder Stoffen, sowie
b)
sonstige Gegenstände oder Stoffe,
die Träger von Tierseuchenerregern sein können,

16.
Immunologisches Tierarzneimittel:
ein unter Verwendung von Tierseuchenerregern oder auf biotechnischem, biochemischem
oder synthetischem Wege zur
a)
Vorbeugung vor Tierseuchen oder Heilung von Tierseuchen hergestellter Tierimpfstoff
oder hergestelltes Serum,
b)
Erkennung von Tierseuchen hergestelltes Antigen oder
c)
Erzeugung einer unspezifischen Reaktion des Immunsystems bestimmter Tierimpfstoff,
der oder das zur Anwendung am oder im Tier bestimmt ist,

17.
In-vitro-Diagnostikum:
ein System, das unter Verwendung eines Tierseuchenerregers oder auf biotechnischem,
biochemischem oder chemisch-synthetischem Wege hergestellt wird und das der
Feststellung eines physiologischen oder pathologischen Zustandes mittels eines direkten
oder indirekten Nachweises eines Tierseuchenerregers dient, ohne am oder im Tier
angewendet zu werden,

18.
Tierhalter:
derjenige, der ein Tier besitzt.

93

§ 3 Allgemeine Pflichten des Tierhalters

Wer Vieh oder Fische hält, hat zur Vorbeugung vor Tierseuchen und zu deren Bekämpfung

1.

dafür Sorge zu tragen, dass Tierseuchen weder in seinen Bestand eingeschleppt noch aus seinem Bestand verschleppt werden,

2.

sich im Hinblick auf die Übertragbarkeit anzeigepflichtiger Tierseuchen bei den von ihm gehaltenen Tieren sachkundig zu machen,

3.

Vorbereitungen zur Umsetzung von Maßnahmen zu treffen, die von ihm beim Ausbruch einer Tierseuche nach den für die Tierseuche maßgeblichen Rechtsvorschriften durchzuführen sind.

Abschnitt 2
Maßnahmen zur Vorbeugung vor Tierseuchen und zu deren Bekämpfung

§ 4 Anzeigepflicht

(1) Bricht eine auf Grund einer Rechtsverordnung nach Absatz 4 anzeigepflichtige Tierseuche aus oder zeigen sich Erscheinungen, die den Ausbruch einer solchen Tierseuche befürchten lassen, so hat der Halter der betroffenen Tiere dies unverzüglich der nach Landesrecht zuständigen Behörde (zuständige Behörde) unter Angabe seines Namens und seiner Anschrift sowie

1.

des Standortes und der Haltungsform der betroffenen Tiere und

2.

der sonstigen für die jeweilige Tierseuche empfänglichen gehaltenen Tiere
unter Angabe der jeweiligen Tierzahl anzuzeigen. Der Tierhalter hat Maßnahmen zu ergreifen, um eine Verschleppung der Tierseuche zu vermeiden, insbesondere kranke und verdächtige Tiere von Orten, an denen die Gefahr der Ansteckung fremder Tiere besteht, fernzuhalten.
(2) Die Pflichten nach Absatz 1 hat außer dem Tierhalter auch, wer

1.

in Vertretung des Tierhalters den Betrieb leitet,

2.

mit der Aufsicht über Tiere an Stelle des Tierhalters beauftragt ist,

3.

als Hirte, Schäfer, Schweizer, Senner oder in vergleichbarer Tätigkeit Tiere in Obhut hat oder

4.

Fischereiberechtigter, Fischereiausübungsberechtigter oder Betreiber einer Anlage oder Einrichtung zur Zucht, Haltung oder Hälterung von Fischen ist.
Die Pflichten nach Absatz 1 hat ferner

1.

für Tiere auf dem Transport ihr Begleiter,

2.

für Haustiere in fremdem Gewahrsam der Inhaber des Gewahrsams.
(3) Zur unverzüglichen Anzeige sind auch die Tierärzte und Leiter tierärztlicher oder sonstiger öffentlicher oder privater Untersuchungs- oder Forschungseinrichtungen sowie alle Personen verpflichtet, die sich mit der Ausübung der Tierheilkunde, der künstlichen Besamung, der

Leistungsprüfung in der tierischen Erzeugung oder gewerbsmäßig mit der Kastration von Tieren beschäftigen. Satz 1 gilt auch für Tiergesundheitsaufseher, Tiergesundheitskontrolleure, Veterinärassistenten, Veterinäringenieure, Veterinärtechniker, Veterinärhygienekontrolleure, amtliche Fachassistenten, Lebensmittelkontrolleure, Futtermittelkontrolleure, Bienensachverständige, Fischereisachverständige, Fischereiberater, Fischereiaufseher, Natur- und Landschaftspfleger, Hufschmiede und Klauenpfleger, ferner für Personen, die gewerbsmäßig schlachten, sowie solche, die sich gewerbsmäßig mit der Behandlung, Verarbeitung oder Beseitigung geschlachteter, getöteter oder verendeter Tiere oder tierischer Bestandteile beschäftigen, wenn sie, bevor ein behördliches Einschreiten stattgefunden hat, von dem Ausbruch einer anzeigepflichtigen Tierseuche oder von Erscheinungen, die den Ausbruch einer solchen Tierseuche befürchten lassen, Kenntnis erhalten.

(4) Das Bundesministerium für Ernährung und Landwirtschaft (Bundesministerium) wird ermächtigt, soweit es zur Erfüllung der Zwecke des § 1 Satz 1 im Hinblick auf Vorkommen, Ausmaß und Gefährlichkeit einer Tierseuche erforderlich ist, durch Rechtsverordnung mit Zustimmung des Bundesrates die anzeigepflichtigen Tierseuchen zu bestimmen. In Rechtsverordnungen nach Satz 1 kann, soweit Belange der Tierseuchenbekämpfung nicht entgegenstehen, der Kreis der zur Anzeige verpflichteten Personen gegenüber den in den Absätzen 1 bis 3 bezeichneten Personen eingeschränkt oder, soweit Belange der Tierseuchenbekämpfung dies erfordern, erweitert werden.

(5) § 24 des Bundesjagdgesetzes sowie entsprechende landesrechtliche Regelungen bleiben mit der Maßgabe unberührt, dass eine Anzeige durch den Jagdausübungsberechtigten auch dann zu erfolgen hat, wenn sich Erscheinungen zeigen, die den Ausbruch einer anzeigepflichtigen Tierseuche befürchten lassen. Die Anzeigepflicht nach Absatz 1 gilt auch für Personen, die zur Jagdausübung befugt sind, ohne Jagdausübungsberechtigte zu sein.

-

§ 5 Maßnahmen zur Ermittlung einer Tierseuche

(1) Stellt die zuständige Behörde auf Grund eines tierärztlichen Gutachtens, sonstiger Anhaltspunkte oder einer Anzeige nach § 4 den Verdacht oder den Ausbruch einer anzeigepflichtigen Tierseuche unter Haustieren fest, so ordnet sie an, dass die kranken und verdächtigen Haustiere unverzüglich von anderen Tieren abgesondert und, soweit erforderlich, eingesperrt und bewacht werden. Satz 1 gilt für die Absonderung von Fischen entsprechend, soweit eine Absonderung im Einzelfall durchführbar ist. Die zuständige Behörde führt eine epidemiologische Untersuchung durch, um insbesondere den Zeitpunkt der Einschleppung der Tierseuche, deren Art, Ausbreitung und Ursachen zu ermitteln. Satz 3 gilt für das Auftreten einer anzeigepflichtigen Tierseuche bei wildlebenden Tieren entsprechend. Die zuständige Behörde kann für andere als anzeigepflichtige Tierseuchen Maßnahmen nach den Sätzen 1 bis 4 anordnen oder durchführen.

(2) Die Feststellung des Verdachtes oder des Ausbruchs einer anzeigepflichtigen Tierseuche nach Absatz 1 sowie die epidemiologischen Untersuchungen sind von einem approbierten Tierarzt der zuständigen Behörde durchzuführen.

(3) Soweit über den Ausbruch einer Tierseuche nur mittels bestimmter an einem verdächtigen Tier durchzuführender Maßnahmen diagnostischer Art Gewissheit zu erlangen ist, können diese Maßnahmen von der zuständigen Behörde angeordnet werden. Dies gilt auch, wenn die Gewissheit nur durch die Tötung und Zerlegung des verdächtigen Tieres zu erlangen ist. Angeordnete Laboruntersuchungen sind in einer von der zuständigen Behörde beauftragten Untersuchungseinrichtung durchzuführen. Im Falle des Ausbruchs einer anzeigepflichtigen Tierseuche oder des Verdachts des Ausbruchs einer solchen Tierseuche ist

1.

    die Probenahme nach den Vorgaben durchzuführen, die in der amtlichen Methodensammlung nach § 27 Absatz 4 Satz 1 Nummer 1 veröffentlicht worden sind, und

2.

die Untersuchung von Untersuchungsmaterial tierischen Ursprungs mit einem zugelassenen In-vitro-Diagnostikum nach § 11 Absatz 2 Satz 1 oder mit einer Nachweismethode nach § 11 Absatz 2 Satz 2 durchzuführen.

§ 6 Ermächtigungen zur Vorbeugung vor und Bekämpfung von Tierseuchen

(1) Das Bundesministerium wird ermächtigt, durch Rechtsverordnung mit Zustimmung des Bundesrates, soweit es zur Erfüllung der Zwecke des § 1 Satz 1 erforderlich ist, Vorschriften zu erlassen

1.
über den Umgang mit Tierseuchenerregern, insbesondere deren Inverkehrbringen, Anwendung, Vermehrung, Lagerung, Beförderung, Versendung, Beseitigung, Verbrauch oder sonstige Verwendung oder Handhabung und dabei insbesondere vorzuschreiben, dass amtliche Untersuchungen in staatlichen Einrichtungen durchgeführt werden müssen,

2.
über
a)
den Betrieb oder die sonstige Einrichtung, in dem oder in der mit Tierseuchenerregern umgegangen wird,
b)
die Nutzung oder Ausstattung von Räumlichkeiten oder sonstigen Örtlichkeiten, einschließlich fischereilich nutzbarer Gewässer, in denen mit Tierseuchenerregern umgegangen wird,

3.
über
a)
den Umgang mit Erzeugnissen, insbesondere deren Inverkehrbringen, Lagerung, Behandlung, Beförderung, Verarbeitung, Verwendung, Verwertung oder Beseitigung,
b)
die Bekämpfung von Schadnagern oder sonstigen Schadorganismen, die Entwesung sowie die Reinigung oder Desinfektion von Betrieben, Einrichtungen oder Gegenständen,
c)
die Verwendung von Fahrzeugen oder Behältern, in oder an denen Tierseuchenerreger vorkommen oder vorkommen können, einschließlich der Beseitigung der Behälter,

4.
über die Durchführung von Veranstaltungen, anlässlich derer Tiere zusammenkommen,

5.
über
a)
die Lage und Abgrenzung eines Betriebes, die Beschaffenheit und Einrichtung von Umkleideräumen für Personen, der Ställe, Wege und Plätze, der Anlagen zur Lagerung oder Beseitigung von Wirtschaftsdünger tierischer Herkunft, Futterzubereitung sowie über Einrichtungen zur Aufbewahrung toter Tiere,
b)
die Aufteilung eines Betriebes in Betriebsabteilungen, den Betriebsablauf, die Größe und Abgrenzung der Betriebsabteilungen sowie deren Entfernung von anderen Abteilungen,
c)
Angaben und Unterlagen zur geographischen Lage eines Betriebes und von Betriebsteilen,
d)

das Tragen von Schutzkleidung innerhalb des Betriebes, die Reinigung und Desinfektion von Personen, Einrichtungen nach Buchstabe a, im Betrieb benutzten Gegenständen und von Fahrzeugen,

e)

das Führen von Kontrollbüchern, insbesondere über die Zahl der täglichen Todesfälle und über Zugang, Abgang, Impfungen und Behandlungen von Tieren, sowie über die Aufbewahrung der Bücher,

6.

über betriebliche oder sonstige Verfahren, anlässlich derer oder bei Durchführung derer Tierseuchenerreger vorkommen oder vorkommen können,

7.

über die Sachkunde von Personen, soweit sie mit

a)

lebenden oder toten Tieren, Teilen von Tieren oder Erzeugnissen oder

b)

Fahrzeugen oder Behältern, die Träger von Tierseuchenerregern sind oder sein können,

Umgang haben, auch über die Sachkunde Jagd- und Fischereiausübungsberechtigter sowie sonstiger Personen, die ohne Jagd- und Fischereiausübungsberechtigte zu sein, zur Jagd oder Fischerei befugt sind,

8.

über die Pflichten von Personen, soweit sie mit Gegenständen nach Nummer 7 in Berührung kommen oder kommen können, insbesondere

a)

das Führen, Aufbewahren und die Vorlage von Aufzeichnungen, Nachweisen, Registern oder Kontrollbüchern,

b)

die Beibringung von Ursprungs- oder Gesundheitszeugnissen,

c)

die Erteilung von Auskünften sowie die Duldung von oder die Mitwirkung bei Maßnahmen nach diesem Gesetz oder auf Grund dieses Gesetzes erlassener Rechtsverordnungen oder auf Grund unmittelbar geltender Rechtsakte der Europäischen Union im Anwendungsbereich dieses Gesetzes,

9.

über die Kennzeichnung, einschließlich der Kennzeichnungsmittel, von

a)

Tieren oder Teilen von Tieren,

b)

Erzeugnissen oder

c)

Fahrzeugen, Behältern oder sonstigen Gegenständen,

10.

über

a)

Untersuchungen, diagnostische Maßnahmen, Probenahmen oder sonstige Maßnahmen der zuständigen Behörde, einschließlich der erforderlichen Hilfeleistungen, zur Feststellung des Vorhandenseins oder Nichtvorhandenseins bestimmter Tierseuchenerreger,

b)

therapeutische Maßnahmen, Heilbehandlungen sowie Impfungen gegen Tierseuchen, einschließlich der erforderlichen Hilfeleistungen,

c)

die Bestimmung der Einrichtung, die Untersuchungen oder diagnostische Maßnahmen nach Buchstabe a durchführt, und dabei insbesondere vorzuschreiben, dass amtliche Untersuchungen in staatlichen Einrichtungen durchgeführt werden müssen,

11.

über

a)

die Haltung von Tieren, einschließlich bestimmter Haltungsbedingungen, der Haltung in bestimmten Räumlichkeiten oder an bestimmten Örtlichkeiten,

b)

die Verwendung oder Nutzung von Tieren zu bestimmten Zwecken,

c)

die Aufnahme oder Abgabe von Tieren, insbesondere deren Inverkehrbringen und Handel,

d)

Maßnahmen gegen das Abschwimmen oder Abtreiben lebender oder toter Fische aus fischereilich genutzten Gewässern oder aus Anlagen oder Einrichtungen zur Zucht, Haltung oder Hälterung von Fischen oder gegen das Ablaufen von Wasser aus solchen Gewässern, Anlagen oder Einrichtungen sowie Maßnahmen im Hinblick auf das Wasser beim Transport von Fischen,

12.

über Verbote und Beschränkungen des Verbringens von Tieren,

13.

über das Verbringen, die Lagerung, Abgabe, Verwertung oder unschädliche Beseitigung toter Tiere oder Teilen von Tieren und Erzeugnissen,

14.

über die Herstellung, Verarbeitung oder Bearbeitung von Erzeugnissen,

15.

über die Absonderung, Bewachung oder behördliche Beobachtung von Tieren in bestimmten Fällen,

16.

über die Beschränkung der Nutzung und das Verbot des Haltens empfänglicher und anderer als empfänglicher Tiere im Betrieb,

17.

über

a)

den Personen- oder Fahrzeugverkehr innerhalb bestimmter Räumlichkeiten oder Örtlichkeiten, in denen sich an der Tierseuche erkrankte, verdächtige oder für die Tierseuche empfängliche Tiere befinden,

b)

die Beschäftigung bestimmter Personen in einem Tierbestand,

18.

über die Sperre

a)

von Gebieten, Betrieben, Anlagen oder sonstigen Einrichtungen, Räumlichkeiten oder Örtlichkeiten, in oder an denen sich seuchenkranke, verdächtige oder empfängliche Tiere aufhalten oder aufgehalten haben,

b)

von Gebieten in einem bestimmten Umkreis um von nach Buchstabe a gesperrten Regelungsgegenständen zur Verhinderung einer möglichen Verschleppung des Tierseuchenerregers,

c)

eines bestimmten Gebietes, in dem zur Verhinderung der Verschleppung eines bestimmten Tierseuchenerregers Untersuchungen angeordnet oder Verbringungen beschränkt werden können, ohne dass für dieses Gebiet die Voraussetzungen für eine Sperre nach Buchstabe a oder b vorliegen,

19.

über das Abfischen von Fischen und das Einbringen von Neubesatz in Gewässer oder in Anlagen oder Einrichtungen zur Zucht, Haltung oder Hälterung von Fischen,

20.
über das Töten
a)

seuchenkranker oder verdächtiger Tiere,

b)

empfänglicher Tiere, soweit dies erforderlich ist, um eine Verschleppung von Tierseuchenerregern zu verhindern, Infektionsherde zu beseitigen oder eine wegen einer Tierseuche verfügten Sperre nach Nummer 18 aufzuheben,

c)

nicht empfänglicher Tiere, die Tierseuchenerreger verbreiten können, soweit dies erforderlich ist, um eine Verschleppung von Tierseuchenerregern zu verhindern oder Infektionsherde zu beseitigen, oder

d)

von Tieren, die Verbringungsbeschränkungen oder Nutzungsbeschränkungen oder der Absonderung unterworfen sind und in verbotswidriger Nutzung oder außerhalb der ihnen angewiesenen Räumlichkeit angetroffen werden,
sowie der unschädlichen Beseitigung der Tierkörper, Tierkörperteile oder Erzeugnisse und der Streu,

21.

über eine Genehmigungs- oder Anzeigepflicht für Tätigkeiten oder Maßnahmen nach den Nummern 1, 2, Nummer 3 Buchstabe a und c, den Nummern 4, 6 und den Nummern 10 bis 14, 17 und 18, jeweils einschließlich des Verfahrens der Rücknahme, des Widerrufs oder des Ruhens der Genehmigung und der Untersagung anzeigepflichtiger Tätigkeiten oder Maßnahmen,

22.

über die Zulassungs- oder Registrierungspflicht von Betrieben oder sonstigen Einrichtungen, in denen mit Tierseuchenerregern umgegangen wird, einschließlich des Verfahrens der Rücknahme, des Widerrufs oder des Ruhens der Zulassung oder Registrierung,

23.

über das Verbot oder die Beschränkung von Tätigkeiten oder Maßnahmen nach den Nummern 1, 2, 3 Buchstabe a und c und den Nummern 4, 6, 10, 11, 13, 14, 17 und 18,

24.

über die Nutzung der im Rahmen der Schlachtung eines Tieres erhobenen Untersuchungsergebnisse,

25.

über die Durchführung hygienischer Maßnahmen, einschließlich baulicher Maßnahmen,

26.

über die Durchführung betrieblicher Eigenkontrollen,

27.

über die tierärztliche Betreuung Haustiere oder Fische haltender Betriebe,

28.

über eine verstärkte Bejagung,

29.

über die öffentliche Bekanntmachung des Ausbruchs und des Erlöschens einer Tierseuche.
(2) Rechtsverordnungen nach Absatz 1 Nummer 2 bis 18 und 20 bis 28 können auch zum Zwecke des § 1 Satz 2 erlassen werden.
(3) Die Grundrechte der Freiheit der Person (Artikel 2 Absatz 2 Satz 2 des Grundgesetzes) und der Freizügigkeit (Artikel 11 Absatz 1 des Grundgesetzes) werden nach Maßgabe des Absatzes 1 Nummer 17, 21 und 23, auch in Verbindung mit Absatz 2, eingeschränkt.
(4) Tierhalter, deren Tiere der Absonderung oder behördlichen Beobachtung unterworfen sind, sind verpflichtet, solche Vorkehrungen zu treffen, dass die Tiere für die Dauer der Absonderung oder Beobachtung die ihnen bestimmte Räumlichkeit nicht verlassen können und keine Berührung mit anderen für die Tierseuche empfänglichen Tieren haben. Die Körper abgesonderter, bewachter oder beobachteter Tiere dürfen ohne Genehmigung der zuständigen Behörde nicht geöffnet, verbracht oder beseitigt werden.

(5) Die zuständige Behörde kann den Betreiber einer Schlachtstätte zur Durchführung einer auf Grund einer Rechtsverordnung nach Absatz 1 Nummer 20, auch in Verbindung mit Absatz 2, angeordneten Tötung verpflichten. Dieser kann für den ihm hierdurch entstehenden Aufwand Ersatz nach den jeweiligen landesrechtlichen Vorschriften über die Inanspruchnahme als Nichtstörer verlangen. Die Länder bestimmen, wer die Kosten des Ersatzes nach Satz 2 trägt. Die zuständige Behörde kann ferner ein Transportunternehmen verpflichten, zum Zwecke einer auf Grund einer Rechtsverordnung nach Absatz 1 Nummer 20, auch in Verbindung mit Absatz 2, angeordneten Tötung, Transporte zu einer Schlachtstätte durchzuführen. Die Sätze 2 und 3 gelten für den einem Transportunternehmer hierdurch entstehenden Aufwand entsprechend.

§ 7 Mittel und Verfahren zur Desinfektion

Das Bundesministerium wird ermächtigt, soweit es zur Erfüllung der Zwecke des § 1 erforderlich ist, durch Rechtsverordnung, die nicht der Zustimmung des Bundesrates bedarf, Mittel und Verfahren zu bestimmen, die bei einer tierseuchenrechtlich vorgeschriebenen Desinfektion, Bekämpfung von Schadnagern oder sonstigen Schadorganismen oder sonstigen Entwesung verwendet werden dürfen, um sicherzustellen, dass Tierseuchenerreger unwirksam gemacht werden.

Abschnitt 3
Besondere Schutzmaßnahmen

§ 8 Schutzgebiete, Tiergesundheitsstatus

(1) Die zuständige Behörde kann, soweit es zur Erfüllung der Zwecke des § 1 erforderlich ist,

1.

ein Gebiet, in dem die Viehbestände, die Bienenstände oder die Hummelstände von mindestens zwei Dritteln der Tiere haltenden Betriebe auf Grund amtlicher Feststellung als frei von einer Tierseuche befunden worden sind, zum Schutzgebiet erklären,

2.

ein Gebiet mit einem gemeinsamen Wassereinzugsgebiet zum Schutzgebiet erklären, soweit

a)

alle in diesem Gebiet liegenden und von ihm mit Wasser versorgten Anlagen oder Einrichtungen zur Zucht, Haltung oder Hälterung von Fischen als frei von einer Tierseuche befunden worden sind,

b)

der Besatz in diesem Gebiet nur mit Fischen aus von der jeweiligen Tierseuche freien Anlagen oder Einrichtungen vorgenommen wird,

c)

außerhalb des Schutzgebietes liegende Anlagen oder Einrichtungen zur Zucht, Haltung oder Hälterung von Fischen mindestens einen Kilometer von den Grenzen des Schutzgebietes entfernt sind oder eine Seuchenverschleppung durch Aufstiegshindernisse oder Einrichtungen mit gleicher Wirkung verhindert werden kann.

(2) Unbeschadet der nach den sonstigen Vorschriften dieses Gesetzes zulässigen Maßnahmen kann die zuständige Behörde in einem Schutzgebiet die Nutzung, die Verwertung und das Verbringen der Tiere, die für die Tierseuche empfänglich sind und aus Viehbeständen, Bienenständen, Hummelständen oder Anlagen oder Einrichtungen zur Zucht, Haltung oder Hälterung von Fischen stammen, die nicht als frei von der Tierseuche befunden worden sind, sowie der von diesen Tieren stammenden Teile oder Erzeugnisse verbieten oder beschränken. Ferner kann die zuständige Behörde das Verbringen solcher Tiere oder der von ihnen stammenden Teile oder Erzeugnisse in Schutzgebiete verbieten oder beschränken.

(3) Zum Schutz von Fischbeständen vor Tierseuchen kann die zuständige Behörde unter Berücksichtigung epidemiologischer Gegebenheiten

1.
einen Betrieb hinsichtlich seines Gesundheitsstatus einer nach dem Recht der Europäischen Gemeinschaft oder der Europäischen Union festgelegten Kategorie zuordnen,

2.
ein Gebiet mit einem gemeinsamen Wassereinzugsgebiet, in dem die Fische haltenden Betriebe die Kontrolle der Fischgesundheit sowie die Tierseuchenvorbeugung und Tierseuchenbekämpfung einheitlich durchführen, hinsichtlich seines Gesundheitsstatus einer nach dem Recht der Europäischen Gemeinschaft oder der Europäischen Union festgelegten Kategorie zuordnen sowie

3.
Maßnahmen zur Haltung einschließlich Hälterung, zum Inverkehrbringen und zum Transport von Fischen innerhalb eines Betriebes oder zwischen den Betrieben nach Nummer 1 oder innerhalb eines Gebietes oder zwischen Gebieten nach Nummer 2 mit gleichem Gesundheitsstatus festlegen.

–

§ 9 Tierseuchenfreiheit

Das Bundesministerium wird ermächtigt, soweit es zur Erfüllung der Zwecke des § 1 Satz 1 erforderlich ist, durch Rechtsverordnung mit Zustimmung des Bundesrates

1.
die Voraussetzungen zu bestimmen, unter denen ein Tier oder ein Tierbestand als frei von einer Tierseuche anzusehen ist,

2.
die amtliche Anerkennung eines Tierbestandes als frei von einer Tierseuche, das Verfahren der amtlichen Anerkennung, die mit der Anerkennung zu verbindenden Auflagen und die Überwachung sowie die Voraussetzungen des Ruhens, der Rücknahme oder des Widerrufs der amtlichen Anerkennung zu regeln,

3.
die Voraussetzungen zu bestimmen, unter denen ein Gebiet als seuchenfrei anzusehen ist,

4.
die Voraussetzungen für die Festlegung bestimmter Gebiete oder bestimmter Betriebe sowie die Voraussetzungen einer Kategorisierung dieser Gebiete und Betriebe in Abhängigkeit von dem Gesundheitsstatus der dort gehaltenen Tiere zu regeln sowie die Zuordnung von Betrieben oder Gebieten zu bestimmten Kategorien vorzunehmen.

–

§ 10 Monitoring

(1) Monitoring ist ein System wiederholter Beobachtung, Untersuchung und Bewertung von Tierseuchenerregern in oder auf lebenden oder toten Tieren oder an Orten, an denen üblicherweise Haustiere oder Fische gehalten werden oder sich wildlebende Tiere aufhalten, das dem frühzeitigen Erkennen von Gefahren, die von Tierseuchenerregern ausgehen können, durch die Untersuchung repräsentativer Proben dient. In das Monitoring können auch die Überträger von Tierseuchenerregern einbezogen werden.
(2) Das Bundesministerium wird ermächtigt, durch Rechtsverordnung mit Zustimmung des Bundesrates

1.
die Durchführung des Monitorings,

2.

101

die Verarbeitung und Nutzung der im Rahmen des Monitorings erhobenen Daten, auch im automatisierten Verfahren,

3.

die Sachkunde der das Monitoring durchführenden Personen und

4.

die Mitwirkungs- und Duldungspflichten Dritter

zu regeln.

Abschnitt 4
Immunologische Tierarzneimittel, In-vitro-Diagnostika

§ 11 Inverkehrbringen und Anwendung

(1) Immunologische Tierarzneimittel dürfen nur in den Verkehr gebracht oder angewendet werden, wenn

1.

sie vom Paul-Ehrlich-Institut zugelassen worden sind oder

2.

ihr Inverkehrbringen durch Rechtsakt der Europäischen Gemeinschaft oder der Europäischen Union genehmigt worden ist.

Satz 1 gilt, soweit ein zugelassenes oder genehmigtes immunologisches Tierarzneimittel nicht zur Verfügung steht, nicht für inaktivierte immunologische Tierarzneimittel, die unter Verwendung von in einem bestimmten Bestand eines Betriebes isolierten Tierseuchenerregern hergestellt worden sind und nur in diesem Bestand angewendet werden. Herstellen im Sinne dieser Vorschrift sowie des § 12 ist das Gewinnen, Anfertigen, Zubereiten, Be- und Verarbeiten, Umfüllen einschließlich Abfüllen, Abpacken und Kennzeichnen.

(2) In-vitro-Diagnostika zur Untersuchung des Vorliegens einer auf Grund einer Rechtsverordnung nach diesem Gesetz

1.

anzeigepflichtigen Tierseuche oder

2.

meldepflichtigen oder mitteilungspflichtigen Tierkrankheit

dürfen nur in den Verkehr gebracht oder angewendet werden, wenn sie vom Friedrich-Loeffler-Institut, Bundesforschungsinstitut für Tiergesundheit (FriedrichLoeffler-Institut) zugelassen worden sind. Satz 1 gilt, soweit zum Nachweis eines Tierseuchenerregers ein zugelassenes In-vitro-Diagnostikum nicht oder nicht in dem benötigten Maße zur Verfügung steht, nicht für die Anwendung von Nachweismethoden, die

1.

einer Nachweismethode der amtlichen Methodensammlung nach § 27 Absatz 4 Satz 1 Nummer 1 entsprechen,

2.

in einer Untersuchungseinrichtung erprobt und an einer in der amtlichen Methodensammlung nach § 27 Absatz 4 Satz 1 Nummer 1 aufgeführten Methode validiert worden sind oder,

3.

soweit eine Nachweismethode in der amtlichen Methodensammlung nach § 27 Absatz 4 Satz 1 Nummer 1 nicht aufgeführt ist,

a)

in einer Untersuchungseinrichtung im Inland oder in einem anderen Mitgliedstaat wissenschaftlich erprobt sind oder

b)

einer vom Friedrich-Loeffler-Institut erarbeiteten und zur Anwendung freigegebenen Nachweismethode entsprechen. Ist ein In-vitro-Diagnostikum zum Nachweis eines Tierseuchenerregers zugelassen worden, dürfen die in Satz 2 genannten Methoden zum Nachweis dieses Tierseuchenerregers noch für einen Zeitraum von einem Jahr angewendet werden. Die Jahresfrist beginnt mit Ablauf des Tages, an dem die Zulassung des In-vitro-Diagnostikums bekannt gemacht worden ist.

(3) Das Bundesministerium wird ermächtigt, durch Rechtsverordnung mit Zustimmung des Bundesrates

1.

das Nähere über die Zulassung, einschließlich einer Änderung der Zulassung oder einer Verlängerung der Zulassungsdauer, die staatliche Chargenprüfung, sowie das Verfahren der Zulassung, deren Rücknahme, deren Widerruf und deren Ruhen zu regeln,

2.

vorzuschreiben,

a)

dass die bei der Anwendung zugelassener oder genehmigter immunologischer oder sonstiger Tierarzneimittel auftretenden Risiken, insbesondere Nebenwirkungen, Wechselwirkungen mit anderen immunologischen Tierarzneimitteln oder sonstigen Tierarzneimitteln, Gegenanzeigen und Verfälschungen und die bei der Anwendung von zugelassenen In-vitro-Diagnostika auftretenden Verfälschungen mitgeteilt, erfasst und ausgewertet werden sowie die hierfür zuständigen Bundesoberbehörden zu bestimmen,

b)

dass die in Buchstabe a genannten Bundesoberbehörden mit den zuständigen Behörden, den Tierärztekammern sowie mit sonstigen für die Durchführung anderer Rechtsvorschriften zuständigen Behörden zusammenwirken, die bei der Durchführung ihrer Aufgaben durch immunologische Tierarzneimittel im Sinne des Absatzes 1 Satz 1 auftretende Risiken erfassen,

3.

die Verpflichtung Dritter zur Anzeige von Risiken im Sinne der Nummer 2 Buchstabe a vorzuschreiben und die näheren Einzelheiten dieser Verpflichtung zu regeln,

4.

die näheren Voraussetzungen zu regeln, unter denen eine vorläufige Zulassung erteilt werden kann.

(4) Bei Gefahr im Verzuge kann abweichend von Absatz 1 Satz 1

1.

das Bundesministerium durch Rechtsverordnung ohne Zustimmung des Bundesrates bestimmen, dass von dem Erfordernis der Zulassung abgesehen wird,

2.

das Paul-Ehrlich-Institut eine vorläufige Zulassung erteilen.

Rechtsverordnungen nach Satz 1 Nummer 1 treten spätestens sechs Monate nach ihrem Inkrafttreten außer Kraft. Ihre Geltungsdauer kann nur mit Zustimmung des Bundesrates verlängert werden.

(5) Die zuständige Bundesoberbehörde kann Ausnahmen von Absatz 1 Satz 1 oder Absatz 2 Satz 1 zulassen

1.

für die Durchführung wissenschaftlicher Versuche außerhalb wissenschaftlicher Institute, soweit dies zur Erprobung immunologischer Tierarzneimittel oder In-vitro-Diagnostika zum Zwecke der Vorbereitung eines Antrages zur Zulassung eines immunologischen Tierarzneimittels oder eines In-vitro-Diagnostikums erforderlich ist und Belange der Tierseuchenbekämpfung nicht entgegenstehen,

2.

im Anschluss an Versuche nach Nummer 1 während des Verfahrens der Zulassung des jeweiligen immunologischen Tierarzneimittels oder In-vitro-Diagnostikums, soweit Belange der Tierseuchenbekämpfung nicht entgegenstehen.

Die Ausnahmen sind zu befristen und mit den zum Schutz vor Tierseuchen erforderlichen sonstigen Nebenbestimmungen zu verbinden. Die zuständige Bundesoberbehörde unterrichtet die zuständige oberste Landesbehörde über die erteilten Ausnahmen.

(6) Die zuständige oberste Landesbehörde kann im Einzelfall im Benehmen mit der zuständigen Bundesoberbehörde Ausnahmen von Absatz 1 Satz 1 zulassen

1.
  für das Inverkehrbringen und die Anwendung immunologischer Tierarzneimittel bei Tieren, die ausgeführt werden, soweit der Einfuhrstaat die Einfuhr von der vorherigen Durchführung bestimmter Impfungen abhängig macht oder eine Impfung zum Schutz dieser Tiere außerhalb des Inlandes geboten erscheint und Belange der Tierseuchenbekämpfung nicht entgegenstehen,

2.
  für das Inverkehrbringen und die Anwendung immunologischer Tierarzneimittel, die von einem Tierarzt im Einzelfall für die von ihm behandelten Tiere bezogen und angewendet werden, soweit

  a)
    für die Behandlung ein zugelassenes oder genehmigtes immunologisches Tierarzneimittel oder ein nach Absatz 5 Nummer 1 oder 2 zu erprobendes immunologisches Tierarzneimittel für Tiere der betreffenden Tierart nicht zur Verfügung steht,

  b)
    das immunologische Tierarzneimittel in einem anderen Staat zur Anwendung bei Tieren der betreffenden Tierart zugelassen ist,

  c)
    die notwendige immunprophylaktische Versorgung der Tiere sonst ernstlich gefährdet wäre und

  d)
    eine unmittelbare oder mittelbare Gefährdung der Gesundheit von Mensch oder Tier nicht zu befürchten ist.

Die Ausnahmen sind zu befristen und mit den zum Schutz vor Tierseuchen erforderlichen sonstigen Nebenbestimmungen zu verbinden.

(7) Das Paul-Ehrlich-Institut macht die Zulassung der immunologischen Tierarzneimittel, das Friedrich-Loeffler-Institut die Zulassung der In-vitro-Diagnostika im Bundesanzeiger bekannt.

(8) Das Paul-Ehrlich-Institut und das Friedrich-Loeffler-Institut können, soweit dies im Hinblick auf die Anwendung eines immunologischen Tierarzneimittels, insbesondere in Bezug auf auftretende Risiken, oder eines In-vitro-Diagnostikums, insbesondere in Bezug auf auftretende Verfälschungen, erforderlich oder durch Rechtsakte der Europäischen Gemeinschaft oder der Europäischen Union vorgeschrieben ist, Daten, die sie im Rahmen ihrer Tätigkeit gewonnen haben, den zuständigen Behörden, anderen Mitgliedstaaten, dem Bundesministerium und der Europäischen Kommission mitteilen.

-

§ 12 Herstellung

(1) Wer immunologische Tierarzneimittel im Sinne des § 11 Absatz 1 Satz 1 oder In-vitro-Diagnostika im Sinne des § 11 Absatz 2 Satz 1 gewerbs- oder berufsmäßig zum Zwecke des Inverkehrbringens oder der Anwendung in eigenen Tierbeständen herstellen will, bedarf für das jeweilige immunologische Tierarzneimittel oder das jeweilige In-vitro-Diagnostikum einer Erlaubnis der zuständigen Behörde. Das Gleiche gilt für juristische Personen, nicht rechtsfähige Vereine und Gesellschaften des bürgerlichen Rechts, die diese Mittel zum Zwecke der Abgabe an ihre Mitglieder herstellen wollen.

(2) Wer immunologische Tierarzneimittel im Sinne des § 11 Absatz 1 Satz 2 und In-vitro-Diagnostika im Sinne des § 11 Absatz 5 Satz 1 Nummer 1 zum Zwecke des Inverkehrbringens herstellen will, bedarf einer allgemeinen, nicht auf ein bestimmtes immunologisches Tierarzneimittel oder In-vitro-Diagnostikum bezogene Erlaubnis der zuständigen Behörde. Hersteller, denen eine Erlaubnis nach Satz 1 erteilt wird, haben die Herstellung immunologischer Tierarzneimittel im Sinne des § 11 Absatz 1 Satz 2 oder In-vitro-Diagnostika im Sinne des § 11 Absatz 5 Satz 1 Nummer 1 unter Angabe des Tierseuchenerregers und der hergestellten Menge, der Anzahl der hergestellten Chargen sowie die Größe der Chargen der zuständigen Behörde mitzuteilen. Die zuständigen Behörden teilen dem Paul-Ehrlich-Institut

1.

mit, für welchen Hersteller immunologischer Tierarzneimittel im Sinne des § 11 Absatz 1 Satz 2 eine Genehmigung erteilt worden ist sowie

2.

den Tierseuchenerreger mit, für den eine Herstellungserlaubnis nach Nummer 1 erteilt worden ist sowie die hergestellte Menge, die Anzahl der hergestellten Chargen und die Größe der Chargen des immunologischen Tierarzneimittels.

(3) Die Erlaubnis nach den Absätzen 1 und 2 wird von der zuständigen Behörde des Landes, in dem die Betriebsstätte liegt, im Benehmen mit der nach § 11 Absatz 1 Satz 1 oder § 11 Absatz 2 Satz 1 zuständigen Bundesoberbehörde erteilt.

(4) Die Erlaubnis darf nur versagt werden, soweit

1.

die Person, unter deren Leitung immunologische Tierarzneimittel im Sinne des § 11 Absatz 1 Satz 1 oder Satz 2 oder In-vitro-Diagnostika im Sinne des § 11 Absatz 2 Satz 1 hergestellt, geprüft oder freigegeben werden sollen, die erforderliche Zuverlässigkeit und Sachkunde nicht besitzt,

2.

die Person, unter deren Leitung immunologische Tierarzneimittel oder In-vitro-Diagnostika vertrieben werden sollen, nicht benannt ist,

3.

die in Nummer 1 oder 2 bezeichneten Personen die ihnen obliegenden Verpflichtungen nicht ständig erfüllen können oder

4.

geeignete Räume und Einrichtungen für die beabsichtigte Herstellung, Prüfung, Lagerung und für den beabsichtigten Vertrieb immunologischer Tierarzneimittel oder In-vitro-Diagnostika nicht vorhanden sind.

Die Prüfung immunologischer Tierarzneimittel oder In-vitro-Diagnostika kann abweichend von Satz 1 Nummer 4 auch außerhalb der Betriebsstätte des Herstellers immunologischer Tierarzneimittel oder In-vitro-Diagnostika durchgeführt werden, soweit dies der zuständigen Behörde angezeigt worden ist und Räumlichkeiten und Einrichtungen vorhanden sind, die gewährleisten, dass die Prüfung nach dem Stand der Wissenschaft und Technik vorgenommen werden und die sachkundige Person nach Satz 1 Nummer 1 ihre Verantwortung wahrnehmen kann.

(5) Die Erlaubnis ist zurückzunehmen, wenn nachträglich bekannt wird, dass einer der Versagungsgründe nach Absatz 4 bei der Erteilung vorgelegen hat; sie ist zu widerrufen, wenn einer der Versagungsgründe nachträglich eingetreten ist. Absatz 3 gilt entsprechend.

(6) Das Bundesministerium wird ermächtigt, zur Vorbeugung vor Tierseuchen sowie zur Sicherung eines ordnungsgemäßen Umgangs, einer sachgerechten Anwendung und der erforderlichen Qualität immunologischer Tierarzneimittel und In-vitro-Diagnostika, durch Rechtsverordnung mit Zustimmung des Bundesrates

1.

das Nähere über

a)

die Versagungsgründe nach Absatz 4 Satz 1 Nummer 1 oder 4, im Falle des Satzes 1 Nummer 4 auch in Verbindung mit Satz 2,

b)

die Erlaubnis einschließlich des Verfahrens, der Rücknahme, des Widerrufs und des Ruhens sowie einer über die Erlaubnis zu erteilenden Bescheinigung zu bestimmen,

2.

Vorschriften zu erlassen über

a)

die Anzeige beim Wechsel einer in Absatz 4 Satz 1 Nummer 1 oder 2 bezeichneten Person sowie bei wesentlicher Änderung der Räume oder Einrichtungen nach Absatz 4 Satz 1 Nummer 4 oder Absatz 4 Satz 2,

b)

die Herstellung, die Lagerung, den Vertrieb und die Verpackung sowie das Inverkehrbringen und die Anwendung immunologischer Tierarzneimittel und In-vitro-Diagnostika einschließlich der Anzeige der Aufnahme einer entsprechenden Tätigkeit,

c)

die Kennzeichnung immunologischer Tierarzneimittel und In-vitro-Diagnostika und die Packungsbeilage sowie über die Verwendung, Beschaffenheit und Kennzeichnung bestimmter Behältnisse,

d)

die Anlage und Ausstattung der Betriebe und Einrichtungen, in denen immunologische Tierarzneimittel und In-vitro-Diagnostika hergestellt, geprüft, verpackt oder gelagert werden,

e)

die Haltung und Kontrolle der zur Herstellung und Prüfung immunologischer Tierarzneimittel und In-vitro-Diagnostika verwendeten Tiere,

f)

das Führen und Aufbewahren von Nachweisen über die in den Buchstaben d und e genannten Betriebsvorgänge, die in Buchstabe e genannten Tiere, die Herkunft und das Inverkehrbringen immunologischer Tierarzneimittel und In-vitro-Diagnostika sowie über Namen und Anschrift des Empfängers,

g)

die Untersuchung und Zurückhaltung von Chargenproben sowie deren Umfang und Lagerungsdauer,

h)

die Kennzeichnung, Absonderung und Vernichtung nicht verkehrsfähiger immunologischer Tierarzneimittel und In-vitro-Diagnostika,

i)

Grundsätze und Leitlinien der guten Herstellungspraxis für immunologische Tierarzneimittel und In-vitro-Diagnostika,

3.

Anforderungen an das Personal in Betrieben oder Einrichtungen, in denen immunologische Tierarzneimittel oder In-vitro-Diagnostika hergestellt, geprüft, gelagert, verpackt oder in den Verkehr gebracht werden, zu stellen,

4.

die Verwendung bestimmter Stoffe, Zubereitungen aus Stoffen oder Gegenstände bei der Herstellung immunologischer Tierarzneimittel oder In-vitro-Diagnostika vorzuschreiben, zu verbieten oder zu beschränken und das Inverkehrbringen immunologischer Tierarzneimittel oder In-vitro-Diagnostika für bestimmte Anwendungsbereiche zu untersagen,

5.

die Zuständigkeit für die Überprüfung der Einhaltung der Grundsätze der guten Herstellungspraxis und die Ausstellung einer entsprechenden Bescheinigung auf das Paul-Ehrlich-Institut oder das Friedrich-Loeffler-Institut zu übertragen,

6.

das Nähere über die Bescheinigung nach Nummer 5 einschließlich des Verfahrens der Ausstellung zu bestimmen.

Abschnitt 5
Innergemeinschaftliches Verbringen, Einfuhr, Ausfuhr, Durchfuhr

§ 13 Verbringungs- und Einfuhrverbote

(1) Das innergemeinschaftliche Verbringen, die Einfuhr, die Ausfuhr und die Durchfuhr

1.

seuchenkranker und verdächtiger Tiere sowie von Erzeugnissen nach § 2 Nummer 15 Buchstabe a solcher Tiere,

2.

von toten Tieren oder deren Teile oder von Erzeugnissen nach § 2 Nummer 15 Buchstabe a solcher Tiere, soweit die Tiere zum Zeitpunkt ihres Todes seuchenkrank oder verdächtig gewesen oder an einer Tierseuche verendet sind, oder

3.

von Erzeugnissen nach § 2 Nummer 15 Buchstabe b

sind verboten. Das Verbot gilt vorbehaltlich des Absatzes 2 nicht für Erzeugnisse nach Satz 1 Nummer 2 oder 3, die so behandelt worden sind, dass Tierseuchenerreger abgetötet worden sind. Die zuständige Behörde kann vorbehaltlich des Absatzes 2 Ausnahmen von Satz 1 genehmigen für das innergemeinschaftliche Verbringen von auf behördliche Anordnung getöteten Tiere oder deren Teile oder von Erzeugnissen nach Satz 1 Nummer 2, soweit diese in angemessener Frist im Inland nicht beseitigt werden können. Für Fische gilt das Verbot nach Satz 1 nur insoweit, als das innergemeinschaftliche Verbringen, die Einfuhr oder die Ausfuhr

1.

durch Rechtsverordnung nach § 14 Absatz 1 oder

2.

durch unmittelbar geltende Rechtsakte der Europäischen Gemeinschaft oder der Europäischen Union im Anwendungsbereich dieses Gesetzes

geregelt worden ist.

(2) Das Verbringen lebender oder toter Tiere, von Teilen von Tieren oder von Erzeugnissen nach anderen Mitgliedstaaten ist verboten, soweit sie Vorschriften des Bestimmungsmitgliedstaates nicht entsprechen, die strengere Anforderungen als das deutsche Recht stellen und die das Bundesministerium im Bundesanzeiger bekannt gemacht hat.

§ 14 Rechtsverordnungen zur Regelung des innergemeinschaftlichen Verbringens, der Einfuhr, Ausfuhr, Durchfuhr

(1) Das Bundesministerium wird ermächtigt, soweit es zur Erfüllung der Zwecke des § 1 Satz 1 erforderlich ist, durch Rechtsverordnung mit Zustimmung des Bundesrates das innergemeinschaftliche Verbringen, die Einfuhr, die Ausfuhr und die Durchfuhr lebender oder toter Tiere, von Teilen von Tieren oder von Erzeugnissen

1.

zu verbieten oder

2.

zu beschränken.

In einer Rechtsverordnung nach Satz 1 Nummer 2 können insbesondere

1.

das innergemeinschaftliche Verbringen, die Einfuhr, die Ausfuhr und die Durchfuhr abhängig gemacht werden

a)

107

von einer Anmeldung, einer Genehmigung, vom Vorstellen bei der zuständigen Behörde oder von einer Untersuchung,

b)

von Anforderungen, unter denen

aa)

lebende Tiere gehalten, behandelt oder verbracht werden,

bb)

tote Tiere oder Teile von Tieren behandelt oder verbracht werden oder

cc)

Erzeugnisse gewonnen, behandelt oder verbracht werden,

c)

von der Einhaltung von Anforderungen an Transportmittel, mit denen die Tiere, deren Teile oder die Erzeugnisse befördert werden,

d)

von der Vorlage oder Begleitung bestimmter Bescheinigungen,

e)

von einer bestimmten Kennzeichnung,

f)

von einer Zulassung oder Registrierung der Betriebe, aus denen lebende oder tote Tiere, Teile von toten Tieren oder die Erzeugnisse stammen oder in die sie verbracht werden,

2.

die Ausstellung der Bescheinigungen nach Nummer 1 Buchstabe d geregelt werden,

3.

Vorschriften erlassen werden über

a)

die Voraussetzung und das Verfahren der Zulassung oder Registrierung der Betriebe nach Nummer 1 Buchstabe f oder

b)

die Rücknahme, den Widerruf oder das Ruhen der Zulassung oder Registrierung,

4.

vorgeschrieben werden, dass Tiere, deren Teile oder Erzeugnisse

a)

einer Absonderung – bei lebenden Tieren auch in der Form der Quarantäne – und behördlichen Beobachtung unterliegen,

b)

nur zu bestimmten Zwecken verwendet werden dürfen oder

c)

in bestimmter Weise behandelt werden müssen,

5.

das Verfahren im Übrigen, insbesondere der Untersuchung, Absonderung und Beobachtung, geregelt und die hierfür notwendigen Einrichtungen und ihr Betrieb vorgeschrieben werden,

6.

Ausnahmen von § 13 Absatz 1 Satz 1 geregelt werden,

a)

soweit es zur Durchführung von Rechtsakten der Europäischen Gemeinschaft oder der Europäischen Union erforderlich ist, oder

b)

für das innergemeinschaftliche Verbringen, soweit es zur Entsorgung in benachbarten Mitgliedstaaten erforderlich ist und durch besondere Maßnahmen sichergestellt wird, dass Tierseuchen nicht verschleppt werden.

(2) Das Bundesministerium wird ferner ermächtigt, soweit es zur Erfüllung der Zwecke des § 1 Satz 1 erforderlich ist, durch Rechtsverordnung mit Zustimmung des Bundesrates

1.

das innergemeinschaftliche Verbringen und die Einfuhr vermehrungsfähiger Tierseuchenerreger, immunologischer Tierarzneimittel oder In-vitro-Diagnostika zu verbieten oder von der Erteilung einer Genehmigung abhängig zu machen,

2.
die Voraussetzungen und das Verfahren der Genehmigung nach Nummer 1 zu regeln.

(3) Die Landesregierungen werden ermächtigt, soweit es zur Erfüllung der Zwecke des § 1 Satz 1 erforderlich ist, durch Rechtsverordnung zur Erleichterung des kleinen Grenzverkehrs einschließlich des Grenzweideverkehrs von den Vorschriften der nach Absatz 1 erlassenen Rechtsverordnungen abweichende Regelungen zu treffen, soweit dies durch die Rechtsverordnungen nach Absatz 1 nicht ausdrücklich ausgeschlossen und eine Einschleppung von Tierseuchen nicht zu befürchten ist. Die Landesregierungen können diese Ermächtigung durch Rechtsverordnung auf andere Behörden übertragen.

Abschnitt 6
Entschädigung für Tierverluste

§ 15 Grundsatz der Entschädigung

Vorbehaltlich der in diesem Gesetz bezeichneten Ausnahmen wird auf Antrag eine Entschädigung in Geld geleistet für

1.
Tiere, die auf behördliche Anordnung getötet worden oder nach Anordnung der Tötung verendet sind,

2.
Tiere, bei denen nach dem Tode eine anzeigepflichtige Tierseuche festgestellt worden ist, soweit die Voraussetzungen gegeben waren, unter denen die Tiere auf behördliche Anordnung hätten getötet werden müssen,

3.
Tiere, bei denen nach dem Tode Milzbrand, Rauschbrand oder Tollwut festgestellt worden ist,

4.
Rinder, bei denen nach dem Tode Aujeszkysche Krankheit festgestellt worden ist,

5.
Tiere, von denen mit hinreichender Wahrscheinlichkeit anzunehmen ist, dass sie auf Grund einer tierseuchenrechtlich vorgeschriebenen oder behördlich angeordneten Impfung, Behandlung oder Maßnahme diagnostischer Art oder im Zusammenhang mit der jeweiligen Durchführung getötet werden mussten oder verendet sind und der Tod der Tiere innerhalb von 30 Tagen nach Durchführung einer oder, im Falle der Durchführung mehrerer der vorgenannten Maßnahmen, nach Durchführung der letzten Maßnahme eingetreten ist,

6.
Rinder, Schweine, Schafe und Geflügel, die oder das Viehhöfen oder Schlachtstätten zugeführt und bei der amtlichen Auftriebsuntersuchung oder bei der Schlachttieruntersuchung als nicht seuchenkrank oder seuchenverdächtig befunden worden sind oder ist, soweit deren oder dessen Fleisch nach der Schlachtung im Rahmen der Fleischuntersuchung auf Grund einer tierseuchenrechtlichen Vorschrift oder einer auf eine solche Vorschrift gestützten behördlichen Anordnung gemaßregelt worden ist.

§ 16 Höhe der Entschädigung

(1) Der Entschädigung wird der gemeine Wert des Tieres zu Grunde gelegt. Der gemeine Wert wird ohne Rücksicht auf die Wertminderung, die das Tier infolge der Tierseuche oder einer

tierseuchenrechtlich vorgeschriebenen oder behördlich angeordneten Maßnahme erlitten hat, ermittelt.

(2) Die Entschädigung darf folgende Höchstsätze je Tier nicht überschreiten:

1.	Pferde, Esel, Maulesel, Maultiere	6 000 Euro,
2.	Rinder einschließlich Bisons, Wisente und Wasserbüffel	4 000 Euro,
3.	Schweine	1 500 Euro,
4.	Gehegewild	1 000 Euro,
5.	Schafe	800 Euro,
6.	Ziegen	800 Euro,
7.	Geflügel	50 Euro.

Im Falle von Bienen und Hummeln beträgt der Höchstsatz der Entschädigung 200 Euro je Volk und im Falle von Fischen 20 Euro je Kilogramm Lebendgewicht. Das Bundesministerium wird ermächtigt, durch Rechtsverordnung mit Zustimmung des Bundesrates in Abhängigkeit von der Steigerung des gemeinen Wertes der Tiere die in den Sätzen 1 und 2 festgesetzten Höchstsätze um bis zu 50 vom Hundert zu erhöhen, um ihr Verhältnis zum gemeinen Wert der Tiere bei der jeweiligen Tierart zu wahren.

(3) Die Entschädigung nach Absatz 1 in Verbindung mit Absatz 2 mindert sich

1.
    um 50 vom Hundert für Tiere, die, außer in den Fällen des § 15 Nummer 3 und 4, vor Erstattung der Anzeige nachweislich an der Tierseuche verendet oder wegen der Tierseuche getötet worden sind,
2.
    um 20 vom Hundert im Falle des § 15 Nummer 6.

(4) Auf die Entschädigung wird der Wert der nach Maßgabe einer tierseuchenrechtlichen Vorschrift oder behördlichen Anordnung verwertbaren Teile des Tieres angerechnet. Die bei der Verwertung oder Tötung des Tieres unmittelbar entstehenden Kosten zählen nicht zur Entschädigung, sie sind zusätzlich zu erstatten. Bei der Festsetzung der Entschädigung werden Steuern nicht berücksichtigt. Dies gilt nicht für Kosten nach Satz 2.

-

§ 17 Ausschluss der Entschädigung

Keine Entschädigung wird gewährt für

1.
    Tiere, die dem Bund oder einem Land gehören,
2.
    Tiere, die entgegen § 13 oder einem der Bekämpfung von oder der Vorbeugung vor Tierseuchen dienenden unmittelbar geltenden Rechtsakt der Europäischen Gemeinschaft oder der Europäischen Union im Anwendungsbereich dieses Gesetzes eingeführt, durchgeführt oder innergemeinschaftlich in das Inland verbracht worden sind,
3.
    Tiere, die entgegen einer Vorschrift einer nach § 14 Absatz 1 erlassenen Rechtsverordnung eingeführt, durchgeführt oder innergemeinschaftlich in das Inland verbracht worden sind,
4.
    Tiere, die nach der Einfuhr oder dem innergemeinschaftlichen Verbringen in das Inland auf Grund einer im Zusammenhang mit der Einfuhr oder dem innergemeinschaftlichen Verbringen tierseuchenrechtlich vorgeschriebenen oder behördlich angeordneten Maßnahme oder im Zusammenhang mit einer solchen Maßnahme getötet werden mussten oder verendet sind,

5.
   Schlachtvieh, das Viehhöfen oder Schlachtstätten zugeführt worden ist; dies gilt nicht in den Fällen des § 15 Nummer 1, 3 bis 6,
6.
   wildlebende Tiere oder gefangen gehaltene wildlebende Tiere, ausgenommen Gehegewild,
7.
   Tiere, die zu Tierversuchen verwendet werden,
8.
   Haustiere, die nicht Vieh, Bienen oder Hummeln sind,
9.
   Zebras, Zebroide und Kameliden,
10.
   Fische, die zu Zierzwecken gezüchtet, gehalten oder gehältert werden.
-

§ 18 Entfallen der Entschädigung

(1) Der Anspruch auf Entschädigung entfällt, wenn der Tierhalter oder sein Vertreter im Zusammenhang mit dem die Entschädigung auslösenden Fall

1.
   schuldhaft
   a)
      eine Vorschrift dieses Gesetzes oder eine Vorschrift eines unmittelbar geltenden Rechtsaktes der Europäischen Gemeinschaft oder der Europäischen Union im Anwendungsbereich dieses Gesetzes,
   b)
      den § 18 des Lebensmittel- und Futtermittelgesetzbuches oder eine Vorschrift eines unmittelbar geltenden Rechtsaktes der Europäischen Gemeinschaft oder der Europäischen Union im Anwendungsbereich des § 18 des Lebensmittel- und Futtermittelgesetzbuches,
   c)
      eine Vorschrift des Tierische Nebenprodukte-Beseitigungsgesetzes oder eines unmittelbar geltenden Rechtsaktes der Europäischen Gemeinschaft oder der Europäischen Union auf dem Gebiet der tierischen Nebenprodukte,
   d)
      eine Vorschrift einer nach einem der in Buchstabe a, b oder c bezeichneten Bestimmungen erlassenen Rechtsverordnung oder
   e)
      eine Maßnahme, die nach einem der in Buchstabe a, b oder c bezeichneten Bestimmungen oder einer nach Buchstabe d genannten Rechtsverordnung angeordnet worden ist,
   nicht, nicht ordnungsgemäß oder nicht vollständig befolgt oder nicht befolgt hat,
2.
   die nach § 4 vorgeschriebene Anzeige schuldhaft nicht oder nicht unverzüglich erstattet hat, es sei denn, dass die Anzeige von einem anderen nach § 4 Verpflichteten unverzüglich erstattet worden ist,
3.
   an der Tierseuche erkrankte Haustiere oder Fische erworben hat und beim Erwerb Kenntnis von der Tierseuche hatte oder den Umständen nach hätte haben müssen.
In den Fällen des § 15 Nummer 1 entfällt der Anspruch auf Entschädigung auch, wenn ein vollständiger Antrag auf Zahlung der Entschädigung nicht spätestens 30 Tage nach der Tötung des Tieres, im Falle der Tötung eines Bestandes nach der Tötung des letzten Tieres des Bestandes bei der nach Landesrecht zuständigen Stelle eingegangen ist. § 32 des Verwaltungsverfahrensgesetzes gilt entsprechend.

(2) Der Anspruch entfällt ferner für Tiere, die vom Tierhalter auf eigenen Wunsch mit Genehmigung der zuständigen Behörde in einen auf Grund einer tierseuchenrechtlichen Vorschrift gesperrten Bestand verbracht werden, wenn diese Tiere aus Gründen der Tierseuchenbekämpfung während der Sperre und wegen der Tierseuche, die zur Sperre geführt hat, getötet werden oder nachweislich an der Tierseuche verendet sind.

(3) Soweit nach Maßgabe des § 20 Absatz 1 in Verbindung mit Absatz 2 Satz 1 auf Grund landesrechtlicher Vorschriften vom Tierhalter Beiträge zur Gewährung von Entschädigungen erhoben werden, entfällt der Anspruch außerdem, wenn der Tierhalter schuldhaft

1.
   bei den hierzu vorgeschriebenen Erhebungen einen Tierbestand nicht angibt oder eine zu geringe Tierzahl angibt oder

2.
   seine Beitragspflicht nicht erfüllt.

(4) Die Absätze 1 bis 3 gelten in den Fällen des § 16 Absatz 4 Satz 2 entsprechend.

-

§ 19 Teilweise Entschädigung

Die Entschädigung kann in den Fällen des § 18 Absatz 1 Satz 1 und 2 und Absatz 3 teilweise gewährt werden, wenn die Schuld gering ist oder die Versagung der Entschädigung für den Tierhalter eine unbillige Härte bedeuten würde.

-

§ 20 Entschädigungspflichtiger

(1) Die Länder regeln, wer die Entschädigung gewährt und wie sie aufzubringen ist. Das Land hat die Entschädigung zu leisten; soweit von Tierhaltern für bestimmte Tierarten zur Gewährung von Entschädigungen Beiträge nach Absatz 2 Satz 1 erhoben werden, hat es die Entschädigung jedoch nur zur Hälfte zu leisten.

(2) Beiträge sind für Pferde, Esel, Maultiere und Maulesel, Rinder einschließlich Bisons, Wisente und Wasserbüffel, Schweine, Schafe und Ziegen, Gehegewild, Geflügel, Bienen, Hummeln und Fische zu erheben. Von der Erhebung von Beiträgen für Pferde, Esel, Maultiere, Maulesel, Ziegen, Gehegewild, Geflügel, Bienen, Hummeln und Fische kann abgesehen werden, wenn sie zu einer unzumutbaren Belastung der Beitragspflichtigen, insbesondere auf Grund geringer Anzahl der betroffenen Tierhalter, führen würde oder hierfür auf Grund der Tierseuchensituation kein Bedarf besteht. Die Beiträge sind nach Tierarten gesondert zu erheben; bestimmte Tierarten können im Rahmen der Beitragserhebung zusammengefasst werden. Die Beiträge können nach der Größe der Bestände und unter Berücksichtigung der seuchenhygienischen Risiken, insbesondere auf Grund der Betriebsorganisation, sowie zusätzlich nach Alter, Gewicht oder Nutzungsart gestaffelt werden. Ferner können die Länder die Durchführung von Tierzählungen zum Zwecke der Beitragserhebung regeln.

(3) Werden von Tierhaltern zur Gewährung von Entschädigungen Beiträge erhoben, dürfen für Tiere, die dem Bund oder einem Land gehören, oder für das Viehhöfen oder Schlachtstätten zugeführte Schlachtvieh keine Beiträge erhoben werden.

-

§ 21 Entschädigungsberechtigter, Forderungsübergang

(1) Die Entschädigung wird, soweit ein anderer Berechtigter nicht bekannt ist, demjenigen gezahlt, in dessen Gewahrsam sich das Tier zum Zeitpunkt des Todes befand.

(2) Mit der Zahlung ist jeder Entschädigungsanspruch Dritter vorbehaltlich des Absatzes 3 erloschen.

(3) Steht dem Entschädigungsberechtigten ein Anspruch auf Ersatz des Schadens gegen einen Dritten zu, so geht der Anspruch auf den zur Entschädigung Verpflichteten über, soweit dieser die Entschädigung nach diesem Gesetz gewährt. Der Übergang kann nicht zum Nachteil des Entschädigungsberechtigten geltend gemacht werden. Gibt der Entschädigungsberechtigte seinen Anspruch gegen den Dritten oder ein zur Sicherung des Anspruches dienendes Recht auf, so wird der zur Entschädigung Verpflichtete insoweit frei, als er aus dem Anspruch oder dem Recht hätte Ersatz erlangen können.
(4) Richtet sich der Ersatzanspruch des Entschädigungsberechtigten gegen einen mit ihm in häuslicher Gemeinschaft lebenden Familienangehörigen, so ist der Übergang ausgeschlossen; der Anspruch geht jedoch über, wenn der Angehörige den Schaden vorsätzlich verursacht hat.

§ 22 Ergänzende Bestimmungen

(1) Für die Anwendung der §§ 18 bis 21 stehen Betreiber einer Anlage oder Einrichtung zur Zucht, Haltung oder Hälterung von Fischen den Tierhaltern gleich.
(2) Soweit ein unmittelbar geltender Rechtsakt der Europäischen Gemeinschaft oder der Europäischen Union im Anwendungsbereich dieses Gesetzes nicht entgegensteht oder seine Durchführung es erfordert, gelten die Absätze 1, 4 bis 6 und die §§ 15 bis 21 hinsichtlich der Entschädigungen für Tierverluste auf Grund einer Vorschrift eines solchen Rechtsaktes entsprechend.
(3) In den Fällen des § 16 Absatz 4 Satz 2 gelten die Absätze 1 und 2 sowie die §§ 19 bis 21 entsprechend.
(4) Weitergehende Regelungen der Länder bleiben unberührt.
(5) Für Streitigkeiten über Ansprüche nach diesem Abschnitt ist der Rechtsweg vor den Verwaltungsgerichten gegeben.
(6) Ansprüche nach den §§ 15 und 16 Absatz 4 Satz 2 verjähren nach einem Jahr. Die Verjährungsfrist beginnt mit dem Ende des Jahres, in dem der Anspruch entstanden ist.

Abschnitt 7
Datenerhebung

§ 23 Datenerhebung

(1) Einrichtungen, die tierseuchenrechtlich vorgeschriebene Untersuchungen durchführen, übermitteln im Falle einer Untersuchung der zuständigen Behörde zu den in Absatz 3 bezeichneten Zwecken die Angaben über

1.
    die untersuchten Tiere, getrennt nach Tierarten, insbesondere Rinder, Schweine, Schafe, Ziegen und Einhufer, sowie die jeweilige Kennzeichnung der untersuchten Tiere, soweit diese Angaben bekannt sind,
2.
    die Tierseuche, die Anlass für die Untersuchung war,
3.
    das Datum der Untersuchung,
4.
    das Ergebnis der Untersuchung einschließlich der Untersuchungsmethode.
Die in Satz 1 genannten Einrichtungen übermitteln ferner zu den in Absatz 3 Nummer 1 und 2 bezeichneten Zwecken Name und Anschrift des Tierhalters sowie die Registriernummer des Betriebes oder der Tierhaltung, in dem oder in der die untersuchten Tiere gehalten werden, soweit diese Angaben bekannt sind. Im Falle der Übermittlung nach Satz 1 teilt die Untersuchungseinrichtung dem jeweiligen Tierhalter oder, soweit dieser nicht bekannt ist, dem

113

Auftraggeber der Untersuchung die übermittelten Angaben spätestens am Tage der Übermittlung mit. Soweit tierseuchenrechtlich vorgeschriebene Untersuchungen nicht in einer im Inland gelegenen Einrichtung durchgeführt werden, hat der Tierhalter die in Satz 1 genannten Angaben sowie die Registriernummer des Betriebes oder der Tierhaltung, in dem oder in der die untersuchten Tiere gehalten werden, der zuständigen Behörde zu übermitteln. Die Übermittlung der Angaben nach Satz 1, 2 oder 4 oder die Mitteilung nach Satz 3 kann im automatisierten Verfahren erfolgen, im Falle der Mitteilung nach Satz 3, soweit der Tierhalter oder der Auftraggeber diesem Verfahren zugestimmt hat.

(2) Der Tierhalter übermittelt der zuständigen Behörde zu den in Absatz 3 genannten Zwecken Name und Anschrift sowie die geographischen Koordinaten des Standortes seiner Tierhaltung, soweit diese Angaben nicht bereits nach anderen Vorschriften zum Schutz vor Tierseuchen angezeigt worden sind. Die Übermittlung der Angaben nach Satz 1 kann im automatisierten Verfahren erfolgen.

(3) Die nach den Absätzen 1 und 2 zu übermittelnden Angaben dienen

1.

  dem Nachweis, dass Viehbestände, Bienenstände, Hummelstände oder Fischbestände in einem bestimmten Gebiet frei von bestimmten Tierseuchen sind,

2.

  als Grundlage

  a)

    der Feststellung des Gesundheitsstatus oder

  b)

    für die Aufrechterhaltung eines bestehenden Gesundheitsstatus,

  der untersuchten Tiere, eines Viehbestandes, Bienenstandes, Hummelstandes oder Fischbestandes,

3.

  als Grundlage für die Berichterstattung über den Gesundheitsstatus von Viehbeständen, Bienenständen, Hummelständen oder Fischbeständen gegenüber den Organen oder Einrichtungen der Europäischen Union.

(4) Die zuständige Behörde kann die nach den Absätzen 1 und 2 übermittelten Angaben im Rahmen ihrer Aufgabenwahrnehmung zu den in Absatz 3 genannten Zwecken verwenden. Die zuständige Behörde übermittelt auf Ersuchen die Angaben nach den Absätzen 1 und 2 an andere zuständige Behörden, soweit diese die Daten im Rahmen ihrer Aufgabenerfüllung zu den in Absatz 3 genannten Zwecken benötigen. Satz 1 gilt für diese Behörden entsprechend. Die Übermittlung der Angaben nach Satz 1 kann durch Abruf im automatisierten Verfahren erfolgen.

(5) Die zuständige Behörde

1.

  übermittelt dem Friedrich-Loeffler-Institut auf Ersuchen die Angaben nach Absatz 1 sowie die vom Tierhalter nach Absatz 2 übermittelten geographischen Koordinaten des Standortes seiner Tierhaltung, soweit dies

  a)

    zur Erstellung von Risikobewertungen nach § 27 Absatz 2 Satz 1 Nummer 2 erforderlich ist oder

  b)

    zur Mitwirkung nach § 27 Absatz 3 Satz 1 Nummer 3 erforderlich ist,

2.

  soll dem Friedrich-Loeffler-Institut auf Ersuchen die in Nummer 1 genannten Angaben übermitteln, soweit dies zur Durchführung wissenschaftlicher Forschung auf dem Gebiet der Tiergesundheit erforderlich ist, das wissenschaftliche Interesse an der Durchführung von Forschungsvorhaben das Interesse des Betroffenen an dem Ausschluss der Zweckänderung erheblich überwiegt und der Zweck der Forschung auf andere Weise nicht oder nur mit unverhältnismäßigem Aufwand erreicht werden kann.

Zusätzlich zu den Angaben nach Satz 1 übermittelt die zuständige Behörde dem Friedrich-Loeffler-Institut auf Ersuchen Angaben über das Verbringen von Tieren, und, soweit vorhanden, über das

Verbringen von Erzeugnissen sowie über Betriebe, die nach den Vorschriften des tierische Nebenprodukte-Beseitigungsrechtes oder des Lebensmittelhygienerechtes zugelassen sind, soweit dies

1.
    zur Erstellung von Risikobewertungen nach § 27 Absatz 2 Satz 1 Nummer 2 erforderlich ist oder

2.
    zur Mitwirkung nach § 27 Absatz 3 Satz 1 Nummer 3 erforderlich ist.

Die Übermittlung der Angaben nach Satz 1 oder 2 kann auch im automatisierten Verfahren erfolgen. Für die Zulässigkeit der Verwendung der Daten durch das Friedrich-Loeffler-Institut gelten die Sätze 1 und 2 entsprechend. Im Falle des Satzes 1 Nummer 2 dürfen die Daten nur in anonymisierter Form übermittelt werden.

(6) Ein Tierhalter kann schriftliche Auskunft über die nach den Absätzen 1 und 2 übermittelten Angaben verlangen. Er kann die Angaben nach Satz 1 im automatisierten Verfahren abrufen, soweit ein solches eingerichtet worden ist. Die schriftlich erteilte unentgeltliche Auskunft nach Satz 1 oder der schriftliche unentgeltliche Auszug der Angabe nach Satz 2 aus einem solchen Auskunftsverlangen steht einer tierärztlichen Bescheinigung in den Fällen gleich, in denen diese

1.
    durch dieses Gesetz oder auf Grund dieses Gesetzes erlassener Rechtsverordnungen vorgeschrieben ist und

2.
    nicht auf Gemeinschaftsrecht oder Unionsrecht beruht oder Gemeinschaftsrecht oder Unionsrecht nicht entgegensteht.

Der schriftliche Auszug nach Satz 2 hat Name und Anschrift des Tierhalters sowie das Datum desjenigen Tages zu enthalten, an dem der schriftliche Auszug gefertigt wurde. Diese Angaben können auch handschriftlich hinzugefügt werden. Der schriftliche Auszug ist vom Tierhalter zu unterschreiben.

(7) Die in Absatz 1 bezeichneten oder nach Absatz 4 Satz 2 oder Absatz 5 Satz 1 Nummer 1 übermittelten Angaben sind von den dort jeweils genannten Behörden für die Dauer von fünf Jahren aufzubewahren. Die Frist beginnt mit Ablauf des 31. Dezember desjenigen Jahres, in dem die Daten erhoben worden sind. Nach Ablauf der Aufbewahrungsfrist sind die Daten unverzüglich zu löschen, soweit sie zur Erfüllung der Aufgaben nach Absatz 3 nicht mehr benötigt werden, spätestens aber unverzüglich nach Erfüllung der Aufgaben. Andere Vorschriften, nach denen eine längere Aufbewahrungsfrist besteht, bleiben unberührt. Satz 3 gilt für nach Absatz 5 Satz 1 übermittelte Angaben für das Friedrich-Loeffler-Institut mit der Maßgabe entsprechend, dass diese Angaben zur Erfüllung der dort genannten Aufgaben nicht mehr benötigt werden.

Abschnitt 8
Überwachung, zuständige Behörden

§ 24 Überwachung

(1) Die Durchführung der Vorschriften dieses Gesetzes und der auf Grund dieses Gesetzes erlassenen Rechtsvorschriften sowie der unmittelbar geltenden Rechtsakte der Europäischen Gemeinschaft oder der Europäischen Union im Anwendungsbereich dieses Gesetzes obliegt den zuständigen Behörden, soweit gesetzlich nichts anderes bestimmt ist. In diesem Rahmen überwachen sie die Einhaltung der vorstehend genannten Vorschriften sowie der auf Grund dieser Vorschriften ergangenen vollziehbaren Anordnungen. Die Überwachung ist jeweils von approbierten Tierärzten oder unter deren fachlicher Aufsicht stehenden anderen Personen durchzuführen. Die §§ 27 und 28 bleiben unberührt.

(2) Die zuständigen Behörden können, soweit es zur Durchführung ihrer Aufgaben nach Absatz 1 erforderlich ist, außerhalb der zuständigen Behörde tätigen Tierärzten Aufgaben übertragen oder diese zur Mitwirkung heranziehen. Die Länder regeln die näheren Einzelheiten der Heranziehung.

(3) Die zuständige Behörde trifft die notwendigen Anordnungen und Maßnahmen, die zur Feststellung oder zur Ausräumung eines hinreichenden Verdachtes, eines Verstoßes oder zur Beseitigung festgestellter Verstöße oder zur Verhütung künftiger Verstöße erforderlich sind. Sie kann insbesondere

1.

das Inverkehrbringen und die Anwendung immunologischer Tierarzneimittel oder In-vitro-Diagnostika untersagen, deren Rückruf anordnen und diese sicherstellen, soweit

a)

der begründete Verdacht besteht, dass das immunologische Tierarzneimittel bei bestimmungsgemäßem Gebrauch schädliche Wirkungen hat, die über ein nach den Erkenntnissen der veterinärmedizinischen Wissenschaft vertretbares Maß hinausgehen,

b)

dem immunologischen Tierarzneimittel oder dem In-vitro-Diagnostikum die Wirksamkeit fehlt,

c)

das immunologische Tierarzneimittel oder das In-vitro-Diagnostikum nicht die nach den Erkenntnissen der veterinärmedizinischen Wissenschaft erforderliche Qualität aufweist,

d)

die vorgeschriebenen Qualitätskontrollen nicht durchgeführt worden sind oder

e)

die erforderliche Erlaubnis für das Herstellen, das innergemeinschaftliche Verbringen, die Einfuhr oder die Durchfuhr des immunologischen Tierarzneimittels oder des In-vitro-Diagnostikums nicht vorliegt oder ein Grund zur Rücknahme oder zum Widerruf der Erlaubnis gegeben ist,

2.

anordnen, dass derjenige, der ein Tier hält, verbracht oder in den Verkehr gebracht hat oder ein Erzeugnis hergestellt, behandelt, verbracht oder in den Verkehr gebracht hat oder eine der vorstehend bezeichneten Handlungen beabsichtigt,

a)

eine Untersuchung durchführt oder durchführen lässt und ihr das Ergebnis mitteilt,

b)

ihr den Eingang eines Erzeugnisses anzeigt,

soweit Grund zu der Annahme besteht, dass das Tier oder das Erzeugnis den Vorschriften dieses Gesetzes, der auf Grund dieses Gesetzes erlassenen Rechtsverordnungen oder eines unmittelbar geltenden Rechtsaktes der Europäischen Gemeinschaft oder der Europäischen Union im Anwendungsbereich dieses Gesetzes nicht entspricht,

3.

vorübergehend verbieten, dass ein Tier oder Erzeugnis verbracht oder in den Verkehr gebracht wird, bis das Ergebnis der Untersuchung einer entnommenen Probe oder einer nach Nummer 1 angeordneten Untersuchung vorliegt,

4.

das Verbringen oder das Inverkehrbringen eines Tieres oder das Herstellen, das Behandeln, das Verbringen oder das Inverkehrbringen eines Erzeugnisses verbieten oder beschränken,

5.

ein lebendes oder totes Tier, ein Teil eines Tieres oder ein Erzeugnis, auch vorläufig, sicherstellen sowie die Tötung eines Tieres oder die unschädliche Beseitigung eines toten Tieres, eines Teils eines Tieres oder eines Erzeugnisses anordnen,

6.

das Verbringen eines Tieres oder eines Erzeugnisses in das Inland im Einzelfall vorübergehend verbieten oder beschränken, wenn

a)

die Bundesrepublik Deutschland durch einen Rechtsakt der Europäischen Gemeinschaft oder der Europäischen Union im Anwendungsbereich dieses Gesetzes hierzu ermächtigt worden ist und das Bundesministerium dies im Bundesanzeiger bekannt gemacht hat oder

b)

Tatsachen vorliegen, die darauf schließen lassen, dass die Tiere oder Erzeugnisse ein Risiko für die Gesundheit von Mensch oder Tier mit sich bringen,

7.

die Absonderung von Tieren anordnen,

8.

eine Maßnahme überwachen oder, soweit erforderlich, anordnen, mit der verhindert werden soll, dass ein Tier oder ein Erzeugnis, das den Verbraucher noch nicht erreicht hat, auch durch andere Wirtschaftsbeteiligte weiter in den Verkehr gebracht wird (Rücknahme), oder die auf die Rückgabe eines in den Verkehr gebrachten Tieres oder Erzeugnisses abzielt, das den Verbraucher oder den Verwender bereits erreicht hat oder erreicht haben könnte (Rückruf),

9.

anordnen, dass diejenigen, die einer von einem lebenden oder toten Tier, einem Teil eines Tieres oder Erzeugnisses ausgehenden Gefahr ausgesetzt sein können, rechtzeitig in geeigneter Form auf diese Gefahr hingewiesen werden,

10.

eine Untersuchung, therapeutische Maßnahme, Heilbehandlung oder Impfung anordnen,

11.

Sendungen der in Satz 1 genannten Art sowie deren Beförderungsmittel, Behälter, Lademittel und Verpackungsmittel bei der Einfuhr, Durchfuhr und Ausfuhr zur Überwachung anhalten,

soweit durch dieses Gesetz, durch Rechtsverordnung nach diesem Gesetz oder durch einen unmittelbar geltenden Rechtsakt der Europäischen Gemeinschaft oder der Europäischen Union eine Regelung nicht getroffen worden ist oder eine durch die vorstehend genannten Vorschriften getroffene Regelung nicht entgegensteht. Sie kann ferner das Halten von Haustieren und Fischen zeitweilig untersagen, soweit der Tierhalter wiederholt

1.

rechtskräftig nach § 31 verurteilt worden ist oder

2.

auf Grund rechtskräftig festgestellter Ordnungswidrigkeiten nach § 32 Absatz 1 und 2 die erforderliche Zuverlässigkeit nicht besitzt.

(4) Natürliche und juristische Personen und nicht rechtsfähige Personenvereinigungen haben den zuständigen Behörden auf Verlangen die Auskünfte zu erteilen, die zur Durchführung der den Behörden nach Absatz 1 übertragenen Aufgaben erforderlich sind. Die Auskunftspflichtigen können die Auskunft auf solche Fragen verweigern, deren Beantwortung sie selbst oder einen der in § 383 Absatz 1 Nummer 1 bis 3 der Zivilprozessordnung bezeichneten Angehörigen der Gefahr strafgerichtlicher Verfolgung oder eines Verfahrens nach dem Gesetz über Ordnungswidrigkeiten aussetzen würde.

(5) Personen,

1.

die von der zuständigen Behörde beauftragt sind, sowie in ihrer Begleitung befindliche Sachverständige des Bundes, der Mitgliedstaaten oder der Europäischen Kommission oder

2.

des Friedrich-Loeffler-Instituts, die an epidemiologischen Untersuchungen nach § 27 Absatz 3 Satz 1 Nummer 3 mitwirken,

dürfen im Rahmen der Absätze 1 bis 4 Grundstücke, Wirtschaftsgebäude, Geschäfts-, Betriebs- und Lagerräume sowie Transportmittel während der Geschäfts- und Betriebszeiten betreten, dort Besichtigungen vornehmen und geschäftliche Unterlagen einsehen, prüfen und, soweit dies zur

Aufgabenerfüllung nach den Absätzen 1 und 2 erforderlich ist, Vervielfältigungen erstellen. In den Fällen des Satzes 1 Nummer 2 bedarf es des Benehmens mit der zuständigen obersten Landesbehörde.

(6) Die von der zuständigen Behörde mit der Durchführung von Bekämpfungsmaßnahmen beauftragten Personen dürfen im Rahmen ihres Auftrages während der Geschäfts- und Betriebszeiten Grundstücke, Wirtschaftsgebäude, Geschäfts-, Betriebs- und Lagerräume sowie Transportmittel betreten und dort Untersuchungen von Tieren und Bekämpfungsmaßnahmen durchführen. Auf Anforderung sind den beauftragten Personen lebende oder tote Tiere, Teile von Tieren oder Erzeugnisse zur Untersuchung zu überlassen, soweit dies zur Feststellung einer Tierseuche erforderlich ist.

(7) Zur Verhütung dringender Gefahren für die öffentliche Sicherheit und Ordnung dürfen die in den Absätzen 5 und 6 genannten Personen

1.
    die Grundstücke, Wirtschaftsgebäude, Geschäfts-, Betriebs- und Lagerräume sowie Transportmittel auch außerhalb der Geschäfts- und Betriebszeiten und auch dann betreten, wenn diese zugleich Wohnzwecken des Tierhalters oder sonst Verfügungsberechtigten dienen,

2.
    Wohnräume, in denen Tiere gehalten werden, betreten.

Das Grundrecht der Unverletzlichkeit der Wohnung (Artikel 13 des Grundgesetzes) wird insoweit eingeschränkt.

(8) Die von der zuständigen Behörde beauftragten Personen oder Personen nach Absatz 5 Satz 1 Nummer 2 sind ferner befugt, gegen Empfangsbescheinigung Proben immunologischer Tierarzneimittel sowie Proben von Futtermitteln, die Träger von Tierseuchenerregern sein können, nach ihrer Auswahl zum Zwecke der Untersuchung zu fordern oder zu entnehmen. Soweit der Betroffene nicht ausdrücklich darauf verzichtet, ist ein Teil der Probe oder, soweit die Probe nicht oder ohne Gefährdung des Untersuchungszweckes nicht in Teile gleicher Beschaffenheit teilbar ist, ein zweites Stück der gleichen Art, wie das als Probe entnommene, zurückzulassen. Zurückzulassende Proben sind amtlich zu verschließen oder zu versiegeln. Sie sind mit dem Datum der Probenahme und dem Datum des Tages zu versehen, nach dessen Ablauf der Verschluss oder die Versiegelung als aufgehoben gelten. Für Proben, die bei einem anderen als demjenigen entnommen werden, der immunologische Tierarzneimittel oder Futtermittel, die Träger von Tierseuchenerregern sein können, unter seinem Namen abgibt, ist eine angemessene Entschädigung in Geld zu leisten, soweit nicht ausdrücklich darauf verzichtet wird.

(9) Der Tierhalter oder der sonst Verfügungsberechtigte hat die Maßnahmen nach den Absätzen 3, 5 bis 8 Satz 1 zu dulden, die mit diesen Maßnahmen beauftragten Personen zu unterstützen und die für die Durchführung dieser Maßnahmen erforderlichen geschäftlichen Unterlagen vorzulegen.

(10) Die Absätze 4 bis 6, 8 und 9 gelten für die Durchführung eines Monitorings nach § 10 entsprechend.

(11) Die für die Erfassung von Risiken immunologischer Tierarzneimittel zuständige Bundesoberbehörde kann in Betrieben und Einrichtungen, die immunologische Tierarzneimittel herstellen oder in den Verkehr bringen, die Einhaltung der Vorschriften über die Sammlung und Auswertung von Daten zu unerwünschten Wirkungen immunologischer Tierarzneimittel überprüfen. Zu diesem Zweck können Beauftragte der zuständigen Bundesoberbehörde im Benehmen mit der zuständigen Behörde, der die Überwachung tierseuchenrechtlicher Vorschriften im Übrigen obliegt, Betriebs- und Geschäftsräume während der üblichen Geschäfts- und Betriebszeiten betreten, Auskünfte verlangen, Unterlagen einsehen, prüfen und Vervielfältigungen erstellen.

(12) Die nach Landesrecht für die Lebensmittelüberwachung, die Tierarzneimittelüberwachung, die Futtermittelüberwachung und die Tierschutzüberwachung zuständigen Behörden übermitteln der für die Überwachung nach Absatz 1 zuständigen Behörde auf Ersuchen die zu deren Aufgabenerfüllung erforderlichen Angaben.

(13) Das Brief- und Postgeheimnis nach Artikel 10 des Grundgesetzes wird nach Maßgabe des Absatzes 3 Satz 1 und 2 Nummer 11 eingeschränkt.

§ 25 Überwachung bestimmter Veranstaltungen und Einrichtungen

(1) Viehmärkte, Viehhöfe, Viehausstellungen, Vogelbörsen oder Veranstaltungen ähnlicher Art, Viehhandelsunternehmen, Transportunternehmen, Viehsammelstellen und Schlachtstätten werden durch die zuständige Behörde überwacht. Die zuständige Behörde kann die Anordnungen treffen, die erforderlich sind, um an den der Überwachung unterliegenden Orten oder in den der Überwachung unterliegenden Betrieben und sonstigen Einrichtungen sicherzustellen, dass die zur Erfüllung der Zwecke des § 1 Satz 1 notwendigen Anforderungen eingehalten werden.

(2) Jahr- und Wochenmärkte, auf denen Vieh nur in geringem Umfang gehandelt wird, können von der zuständigen Behörde von der Überwachung befreit werden, soweit Belange der Tierseuchenbekämpfung nicht entgegenstehen.

(3) Die Überwachung kann ausgedehnt werden auf

1.
   Vieh, Hunde, Katzen und Fische, soweit sie zum Zwecke des Inverkehrbringens zusammengebracht werden,

2.
   Tierschauen, Wettbewerben oder Veranstaltungen ähnlicher Art,

3.
   Vieh oder Fische, soweit sie auf behördliche Anordnung zusammengezogen worden sind,

4.
   Tierhaltungen,

5.
   Tierkliniken oder

6.
   sonstige Betriebe oder Einrichtungen,

von denen die Gefahr einer Tierseuche ausgehen kann.

–

§ 26 Rechtsverordnungen zur Überwachung

(1) Das Bundesministerium wird ermächtigt, durch Rechtsverordnung mit Zustimmung des Bundesrates, soweit es zur Erfüllung der Zwecke des § 1 notwendig ist, die Überwachung näher zu regeln. Es kann dabei insbesondere Vorschriften über

1.
   Untersuchungen einschließlich der Probenahme,

2.
   Maßnahmen, die zu ergreifen sind, wenn lebende oder tote Tiere, Teile von Tieren oder Erzeugnisse diesem Gesetz, den auf Grund dieses Gesetzes erlassenen Rechtsverordnungen oder unmittelbar geltenden Rechtsakten der Europäischen Gemeinschaft oder der Europäischen Union im Anwendungsbereich dieses Gesetzes nicht entsprechen,

3.
   die Absonderung, bei lebenden Tieren auch in der Form der Quarantäne, und die behördliche Beobachtung,

4.
   Einzelheiten der Mitwirkungspflichten, insbesondere Duldungs-, Unterstützungs- und Vorlagepflichten,

5.
   Pflichten zur
   a)
      Durchführung bestimmter betriebseigener Kontrollen,

b)

Aufzeichnung, zur Mitführung und zur Aufbewahrung von Unterlagen und

c)

Entnahme von Proben und deren Aufbewahrung und

6.

den Personenkreis, der nach den Nummern 1, 2, 4 und 5 verpflichtet ist,

erlassen.

(2) Das Bundesministerium wird ermächtigt, durch Rechtsverordnung mit Zustimmung des Bundesrates zur wirksamen Ausführung der nach diesem Gesetz oder auf Grund dieses Gesetzes vorgesehenen Maßnahmen

1.

eine Anzeige über

a)

das Vorhandensein, die Anzahl, die Nutzungsart, den Abgang oder den Zugang oder über Ortsveränderungen von Haustieren und Fischen,

b)

den Abgang oder den Zugang von toten Tieren oder Teilen von Tieren oder

c)

die in den § 6 Absatz 1 Nummer 2, 5, 6 und 11 und in § 25 aufgeführten Betriebe, Unternehmen oder Veranstaltungen sowie

2.

eine behördliche Registrierung oder Zulassung, einschließlich der Vergabe von Registriernummern oder Zulassungsnummern, von Haustieren und der in Nummer 1 Buchstabe c genannten Betriebe, Unternehmen oder Veranstaltungen

vorzuschreiben.

(3) Das Bundesministerium wird ermächtigt, durch Rechtsverordnung mit Zustimmung des Bundesrates zur Erlangung einer umfassenden Übersicht über Vorkommen und Ausbreitung anderer als anzeigepflichtiger Tierseuchen

1.

Meldungen über Auftreten, Verlauf und Häufigkeit von Tierseuchen oder den Nachweis deren Erreger vorzuschreiben,

2.

das Meldeverfahren zu regeln,

3.

den Kreis der Meldepflichtigen zu bestimmen.

Im Falle des Satzes 1 Nummer 3 darf nur verpflichtet werden, wer im Rahmen seiner Aufgaben von den in Satz 1 Nummer 1 bezeichneten Sachverhalten Kenntnis erhält.

(4) Das Bundesministerium wird ermächtigt, zur Erfüllung der Berichtspflichten, die sich aus Rechtsvorschriften nach diesem Gesetz oder auf Grund dieses Gesetzes erlassener Rechtsverordnungen oder aus Rechtsakten der Europäischen Gemeinschaft oder der Europäischen Union im Anwendungsbereich dieses Gesetzes ergeben und gegenüber der Europäischen Union bestehen, durch Rechtsverordnung mit Zustimmung des Bundesrates die Übermittlung der erforderlichen Angaben an das Bundesministerium oder das Friedrich-Loeffler-Institut durch die zuständigen Behörden zu regeln.

-

§ 27 Friedrich-Loeffler-Institut

(1) Das Friedrich-Loeffler-Institut ist eine selbständige Bundesoberbehörde im Geschäftsbereich des Bundesministeriums. Es forscht auf dem Gebiet der Tierseuchen, des Tierschutzes, der Tierhaltung, der Tierernährung und der Nutztiergenetik und unterrichtet und berät die Bundesregierung auf diesen Gebieten.

(2) Das Friedrich-Loeffler-Institut ist zuständig für

1.

die Zulassung von In-vitro-Diagnostika,

2.

die Erstellung von Risikobewertungen auf dem Gebiet der Tierseuchenbekämpfung und

3.

die Beobachtung der weltweiten Tiergesundheitssituation im Hinblick auf die Gefahr der Einschleppung von Tierseuchenerregern durch lebende Tiere oder Erzeugnisse in das Inland.

Die für die Zulassung nach Satz 1 Nummer 1 zuständige Organisationseinheit ist personell und organisatorisch von den übrigen Organisationseinheiten des Friedrich-Loeffler-Institutes zu trennen.

(3) Das Friedrich-Loeffler-Institut wirkt mit bei der

1.

Erstellung von Plänen zur Durchführung eines Monitorings und der Bewertung seiner Ergebnisse,

2.

Untersuchung von Tieren oder Erzeugnissen, die zur Einfuhr oder Ausfuhr bestimmt sind,

3.

epidemiologischen Untersuchung im Falle des Verdachtes oder des Ausbruchs einer Tierseuche.

Es nimmt die Aufgabe eines

1.

nationalen Referenzlabors für anzeigepflichtige Tierseuchen,

2.

gemeinschaftlichen Referenzlabors für anzeigepflichtige Tierseuchen,

3.

Referenzlabors eines anderen Mitgliedstaates, eines Drittlandes oder einer internationalen Organisation

wahr, soweit es als solches benannt ist. Im Rahmen seiner Aufgabenwahrnehmung als nationales Referenzlabor für anzeigepflichtige Tierseuchen obliegt es dem Friedrich-Loeffler-Institut ferner, Ringversuche oder ähnliche Maßnahmen durchzuführen, um darauf hinzuwirken, dass die von den zuständigen Behörden mit der Untersuchung anzeigepflichtiger Tierseuchen beauftragten Laboratorien die auf Grund von Rechtsakten der Europäischen Gemeinschaft oder der Europäischen Union vorgesehenen Anforderungen, insbesondere an die Diagnostik, erfüllen können.

(4) Stellt das Friedrich-Loeffler-Institut im Rahmen der Wahrnehmung seiner Aufgaben als Referenzlabor nach Absatz 3 Satz 2 Nummer 2 oder 3 das Vorliegen einer Gefahr oder eines Risikos für die Tiergesundheit fest, kann es die im Rahmen seiner Tätigkeit gewonnenen Erkenntnisse einschließlich damit im Zusammenhang stehender produktbezogener Angaben veröffentlichen, soweit dies erforderlich ist, um die Gefahr abzuwehren oder dem Risiko vorzubeugen. Bei der Entscheidung über die Veröffentlichung ist den Belangen der Betroffenen angemessen Rechnung zu tragen. Personenbezogene Daten dürfen nicht veröffentlicht werden.

(5) Das Friedrich-Loeffler-Institut veröffentlicht

1.

unter Mitwirkung wissenschaftlicher Sachverständiger eine amtliche Sammlung von Verfahren zur Probenahme und Untersuchung von Untersuchungsmaterial tierischen Ursprungs im Hinblick auf anzeigepflichtige Tierseuchen (amtliche Methodensammlung),

2.

unter Mitwirkung der Länder jährlich einen Bericht über die Entwicklung der Tiergesundheit (Tiergesundheitsjahresbericht),

3.

die Empfehlungen der Ständigen Impfkommission Veterinärmedizin nach Absatz 7 Satz 2.

Die amtliche Methodensammlung nach Satz 1 Nummer 1 ist auf dem neuesten Stand zu halten.

(6) Auf Ersuchen einer obersten Landesbehörde kann das Friedrich-Loeffler-Institut die zuständigen Behörden im Hinblick auf

1.

   Maßnahmen

   a)

      zur Erkennung von Tierseuchen und deren Bekämpfung,

   b)

      zur Vorbeugung vor und der Verhinderung der Verschleppung von Tierseuchen,

2.

   die Beurteilung der Gefahren im Falle des Verdachtes oder des Ausbruches einer Tierseuche beraten.

(7) Beim Friedrich-Loeffler-Institut wird eine Ständige Impfkommission Veterinärmedizin eingerichtet. Die Ständige Impfkommission Veterinärmedizin ist weisungsunabhängig und gibt Empfehlungen zur Durchführung von Impfungen. Die Mitglieder der Ständigen Impfkommission Veterinärmedizin werden vom Friedrich-Loeffler-Institut im Einvernehmen mit dem Bundesministerium für die Dauer von drei Jahren berufen. Eine Wiederberufung ist zulässig. Die Ständige Impfkommission Veterinärmedizin gibt sich eine Geschäftsordnung, die der Zustimmung des Bundesministeriums bedarf. Ihre Sitzungen sind vertraulich und die Mitglieder der Ständigen Impfkommission Veterinärmedizin sind zur Verschwiegenheit verpflichtet. Vertreter des Bundesministeriums und des Paul-Ehrlich-Institutes nehmen mit beratender Stimme an den Sitzungen der Ständigen Impfkommission Veterinärmedizin teil. Das Bundesministerium wird ermächtigt, durch Rechtsverordnung ohne Zustimmung des Bundesrates

1.

   die Zusammensetzung und das Verfahren der Ständigen Impfkommission Veterinärmedizin, einschließlich der Geschäftsführung, sowie die Heranziehung externer Sachverständiger zu regeln und

2.

   die Aufgaben der Ständigen Impfkommission Veterinärmedizin näher zu bestimmen.

-

§ 28 Durchführung bei Bundeswehr, Kliniken und Instituten

(1) Im Geschäftsbereich des Bundesministeriums der Verteidigung obliegt die Durchführung der Vorschriften dieses Gesetzes, der auf Grund dieses Gesetzes erlassenen Rechtsvorschriften und der unmittelbar geltenden Rechtsakte der Europäischen Gemeinschaft oder der Europäischen Union im Anwendungsbereich dieses Gesetzes, mit Ausnahme der Vorschriften für das innergemeinschaftliche Verbringen, die Einfuhr, die Durchfuhr und die Ausfuhr, den zuständigen Dienststellen der Bundeswehr. Diese Dienststellen haben der für den Standort zuständigen Behörde den Ausbruch, den Verdacht des Ausbruchs, den Verlauf und das Erlöschen einer Tierseuche in ihrem Zuständigkeitsbereich mitzuteilen; bei Tierseuchen, die bekämpft werden müssen, haben sie auch die getroffenen tierseuchenrechtlichen Maßnahmen unverzüglich mitzuteilen.

(2) Dem Friedrich-Loeffler-Institut, dem Bundesinstitut für Risikobewertung, dem Bundesamt für Verbraucherschutz und Lebensmittelsicherheit (Bundesamt) sowie dem Paul-Ehrlich-Institut obliegt die Bekämpfung von Tierseuchen bei den von ihnen gehaltenen Tieren, soweit die Tierseuchen Gegenstand bestimmter wissenschaftlicher Versuche sind.

(3) Die zuständigen obersten Landesbehörden können

1.

   den Vorständen der Kliniken und Institute der tierärztlichen Bildungsstätten sowie

2.

   im Benehmen mit dem Bundesministerium anderen an der wissenschaftlichen Erforschung von Tierseuchen arbeitenden Einrichtungen, bei denen ein Tierarzt angestellt ist,

die Bekämpfung von Tierseuchen in entsprechender Anwendung des Absatzes 2 übertragen.

(4) In den Fällen der Absätze 2 und 3 finden die Vorschriften zur Bekämpfung von Tierseuchen mit den Einschränkungen Anwendung, die sich aus dem Zweck der wissenschaftlichen Versuche ergeben. Soweit die Tierseuchen nicht Gegenstand bestimmter wissenschaftlicher Versuche sind, kann mit Genehmigung der zuständigen obersten Landesbehörden von einer vorgeschriebenen unverzüglichen Tötung der Versuchstiere abgesehen werden, soweit der Zweck der wissenschaftlichen Versuche dies erfordert und Belange der Tierseuchenbekämpfung nicht entgegenstehen.

(5) Die in den Absätzen 2 und 3 genannten Anstalten und Einrichtungen haben den Ausbruch oder den Verdacht des Ausbruchs einer Tierseuche, die nicht Gegenstand ihrer wissenschaftlichen Versuche ist, der zuständigen Behörde unverzüglich anzuzeigen.

-

§ 29 Mitwirkung der Zolldienststellen

(1) Das Bundesministerium der Finanzen und die von ihm bestimmten Zolldienststellen wirken bei der Überwachung der Einfuhr, Durchfuhr und Ausfuhr lebender und toter Tiere, von Teilen von Tieren und Erzeugnissen mit. Die Zolldienststellen können

1.
Sendungen der in Satz 1 genannten Art sowie deren Beförderungsmittel, Behälter, Lademittel und Verpackungsmittel bei der Einfuhr, Durchfuhr und Ausfuhr zur Überwachung anhalten,

2.
den Verdacht von Verstößen gegen Verbote und Beschränkungen nach diesem Gesetz, den auf Grund dieses Gesetzes erlassenen Rechtsverordnungen oder den unmittelbar geltenden Rechtsakten der Europäischen Gemeinschaft oder der Europäischen Union im Anwendungsbereich dieses Gesetzes, der sich bei der Abfertigung ergibt, den nach § 24 Absatz 1 zuständigen Behörden mitteilen,

3.
in den Fällen der Nummer 2 anordnen, dass die Sendungen der in Satz 1 genannten Art auf Kosten und Gefahr des Verfügungsberechtigten der für die Überwachung zuständigen Behörde vorgeführt werden.

Das Brief- und Postgeheimnis nach Artikel 10 des Grundgesetzes wird nach Maßgabe der Sätze 1 und 2 eingeschränkt.

(2) Zum Zwecke der Überwachung in das Inland eingeführter Tiere und Erzeugnisse übermitteln die Zolldienststellen den nach § 24 Absatz 1 zuständigen Behörden nach Maßgabe der Sätze 4 bis 6 die für die Überwachung erforderlichen Angaben über das Eintreffen oder den voraussichtlichen Zeitpunkt des Eintreffens von Sendungen der vorstehend genannten Art. Zu übermittelnde Angaben nach Satz 1 sind die Angaben über die Menge, das Herkunftsland, den Einführer, den Hersteller oder einen anderen auf Grund dieses Gesetzes, der auf Grund dieses Gesetzes erlassenen Rechtsvorschriften oder der unmittelbar geltenden Rechtsakte der Europäischen Gemeinschaft oder der Europäischen Union im Anwendungsbereich dieses Gesetzes Verantwortlichen (sonstiger Verantwortlicher). Die Angaben zu den Einführern, Herstellern und sonstigen Verantwortlichen umfassen deren Name, Anschrift und Telekommunikationsdaten, soweit den Zolldienststellen die Angaben im Rahmen ihrer Mitwirkung bei der Überwachung vorliegen. Die Übermittlung der Angaben nach den Sätzen 1 bis 3 erfolgt ausschließlich im Rahmen eines automatisierten elektronischen Informationsaustausches zwischen den Zolldienststellen und dem Bundesamt. Das Bundesamt leitet die übermittelten Angaben an die zuständigen Behörden weiter. Sofern die Länder für die Zwecke des Satzes 1 eine gemeinsame Stelle einrichten, sind die in den Sätzen 1 bis 3 bezeichneten Angaben dieser Stelle zu übermitteln; diese Stelle leitet die übermittelten Angaben den zuständigen Behörden weiter. Die Einzelheiten des Verfahrens zur Durchführung der Sätze 1 bis 6 werden durch das Bundesministerium im Einvernehmen mit dem Bundesministerium der Finanzen durch Rechtsverordnung mit Zustimmung des Bundesrates geregelt.

(3) Das Bundesamt gibt im Einvernehmen mit dem Bundesministerium der Finanzen im Bundesanzeiger die Zolldienststellen bekannt, bei denen lebende oder tote Tiere, Teile von Tieren und Erzeugnisse die erste zulässige zollrechtliche Bestimmung erhalten können, sowie die diesen Zolldienststellen zugeordneten zuständigen Behörden, soweit die Einfuhr durch Rechtsverordnung nach § 14 Absatz 1 oder 2, auch in Verbindung mit § 38 Absatz 2, geregelt ist. Das Bundesministerium der Finanzen kann die Erteilung des Einvernehmens nach Satz 1 auf die Generalzolldirektion übertragen.

–

§ 30 Bereitstellung von Tierimpfstoffen, Tierseuchenbekämpfungszentren

(1) Sehen Rechtsakte der Europäischen Gemeinschaft oder der Europäischen Union im Anwendungsbereich dieses Gesetzes vor, dass eine Tierseuche nicht durch eine allgemeine, insbesondere vorbeugende Impfung empfänglicher Tiere, sondern nur im Falle eines Ausbruchs einer Tierseuche zur Verhinderung einer Verschleppung der Tierseuche durch eine räumlich begrenzte Impfung der betroffenen Bestände bekämpft werden darf, so treffen die Länder die erforderlichen Maßnahmen, um sicherzustellen, dass der für eine notwendige Impfung erforderliche Tierimpfstoff in ausreichender Menge zur Verfügung steht.
(2) Sehen Rechtsakte der Europäischen Gemeinschaft oder der Europäischen Union im Anwendungsbereich dieses Gesetzes vor, dass im Falle des Ausbruchs einer anzeigepflichtigen Tierseuche Tierseuchenbekämpfungszentren eingerichtet werden müssen, so treffen der Bund und die Länder im Rahmen ihrer jeweiligen Zuständigkeit die erforderlichen Maßnahmen, damit die Tierseuchenbekämpfungszentren bei Ausbruch der Tierseuche unverzüglich einsatzbereit sind.

Abschnitt 9
Straf- und Bußgeldvorschriften

–

§ 31 Strafvorschriften

(1) Mit Freiheitsstrafe bis zu zwei Jahren oder mit Geldstrafe wird bestraft, wer

1.
   entgegen § 13 Absatz 1 Satz 1 ein Tier, ein totes Tier, ein Teil eines Tieres oder ein Erzeugnis innergemeinschaftlich verbringt, einführt oder durchführt oder

2.
   einer Rechtsverordnung nach § 14 Absatz 2 Nummer 1 oder einer vollziehbaren Anordnung auf Grund einer solchen Rechtsverordnung zuwiderhandelt, soweit die Rechtsverordnung für einen bestimmten Tatbestand auf diese Strafvorschrift verweist.

(2) Mit Freiheitsstrafe bis zu einem Jahr oder mit Geldstrafe wird bestraft, wer

1.
   entgegen § 11 Absatz 1 Satz 1 oder Absatz 2 Satz 1 ein immunologisches Tierarzneimittel oder ein In-vitro-Diagnostikum in den Verkehr bringt oder anwendet oder

2.
   ohne Erlaubnis nach § 12 Absatz 1 Satz 1 ein immunologisches Tierarzneimittel oder ein In-vitro-Diagnostikum herstellt.

(3) In den Fällen des Absatzes 1 ist der Versuch strafbar.
(4) Wer in den Fällen des Absatzes 1, auch in Verbindung mit Absatz 3, absichtlich eine Gefährdung von Tierbeständen herbeiführt, wird mit Freiheitsstrafe von sechs Monaten bis zu fünf Jahren bestraft.
(5) Wer eine in Absatz 1 bezeichnete Handlung fahrlässig begeht, wird mit Freiheitsstrafe bis zu einem Jahr oder mit Geldstrafe bestraft.

–

§ 32 Bußgeldvorschriften

(1) Ordnungswidrig handelt, wer eine in § 31 Absatz 2 bezeichnete Handlung fahrlässig begeht.

(2) Ordnungswidrig handelt, wer vorsätzlich oder fahrlässig

1.
entgegen § 4 Absatz 1 Satz 1 in Verbindung mit einer Rechtsverordnung nach § 4 Absatz 4 Satz 1, jeweils auch in Verbindung mit § 4 Absatz 2 oder Absatz 3 oder einer Rechtsverordnung nach § 4 Absatz 4 Satz 2, eine Anzeige nicht, nicht richtig, nicht vollständig oder nicht rechtzeitig erstattet,

2.
entgegen § 4 Absatz 1 Satz 2, auch in Verbindung mit § 4 Absatz 2, ein krankes oder verdächtiges Tier von einem dort genannten Ort nicht fernhält,

3.
einer vollziehbaren Anordnung nach § 5 Absatz 1 Satz 1, auch in Verbindung mit § 5 Satz 2 oder Satz 5, nach § 5 Absatz 3 Satz 1, § 8 Absatz 2, § 24 Absatz 3 Satz 2 oder Satz 3 oder § 38 Absatz 11 zuwiderhandelt,

4.
einer Rechtsverordnung

a)
nach § 6 Absatz 1, auch in Verbindung mit § 38 Absatz 9 erster Halbsatz oder § 39 Absatz 2 erster Halbsatz Nummer 1, nach § 6 Absatz 1, auch in Verbindung mit § 38 Absatz 10 Satz 1 erster Halbsatz, auch in Verbindung mit § 39 Absatz 2 zweiter Halbsatz, nach § 26 Absatz 1, 2 oder Absatz 3, jeweils auch in Verbindung mit § 38 Absatz 9 erster Halbsatz oder § 39 Absatz 2 erster Halbsatz Nummer 5, oder nach § 26 Absatz 1, 2 oder Absatz 3, jeweils auch in Verbindung mit § 38 Absatz 10 Satz 1 erster Halbsatz, auch in Verbindung mit § 39 Absatz 2 zweiter Halbsatz,

b)
nach § 6 Absatz 2, auch in Verbindung mit § 38 Absatz 9 erster Halbsatz oder § 39 Absatz 2 erster Halbsatz Nummer 1, oder nach § 10 Absatz 2, auch in Verbindung mit § 38 Absatz 9 erster Halbsatz,

c)
nach § 7, auch in Verbindung mit § 39 Absatz 2 erster Halbsatz Nummer 2, nach § 11 Absatz 3 Nummer 3 oder § 12 Absatz 6 Nummer 2, 3 oder Nummer 4 oder

d)
nach § 14 Absatz 1 Satz 1 Nummer 1, nach § 14 Absatz 1 Satz 2 Nummer 1 oder Nummer 4, jeweils auch in Verbindung mit § 39 Absatz 1 Satz 2 oder nach § 39 Absatz 1 Satz 1

oder einer vollziehbaren Anordnung auf Grund einer solchen Rechtsverordnung zuwiderhandelt, soweit die Rechtsverordnung für einen bestimmten Tatbestand auf diese Bußgeldvorschrift verweist,

5.
entgegen § 13 Absatz 2 ein lebendes oder totes Tier, ein Teil eines Tieres oder ein Erzeugnis verbringt,

6.
entgegen § 24 Absatz 4 Satz 1 eine Auskunft nicht, nicht richtig, nicht vollständig oder nicht rechtzeitig erteilt,

7.
entgegen § 24 Absatz 9 eine Maßnahme nicht duldet oder eine Person nicht unterstützt oder

8.
einer unmittelbar geltenden Vorschrift in Rechtsakten der Europäischen Gemeinschaft oder der Europäischen Union im Anwendungsbereich dieses Gesetzes zuwiderhandelt, soweit eine Rechtsverordnung nach Absatz 4 für einen bestimmten Tatbestand auf diese Bußgeldvorschrift verweist.

(3) Die Ordnungswidrigkeit kann mit einer Geldbuße bis zu dreißigtausend Euro geahndet werden.

125

(4) Das Bundesministerium wird ermächtigt, soweit dies zur Durchsetzung der Rechtsakte der Europäischen Gemeinschaft oder der Europäischen Union erforderlich ist, durch Rechtsverordnung ohne Zustimmung des Bundesrates die Tatbestände zu bezeichnen, die als Ordnungswidrigkeit nach Absatz 2 Nummer 8 geahndet werden können.

§ 33 Einziehung

Gegenstände, auf die sich eine Straftat nach § 31 oder eine Ordnungswidrigkeit nach § 32 Absatz 2 Nummer 4 Buchstabe d bezieht, können eingezogen werden.

Abschnitt 10
Weitere Befugnisse, Schlussvorschriften

§ 34 Aufgabenübertragung

Das Bundesministerium wird ermächtigt, durch Rechtsverordnung ohne Zustimmung des Bundesrates, Aufgaben, für die dem Bund eine Verwaltungszuständigkeit zusteht und die sich aus Rechtsakten der Europäischen Gemeinschaft oder der Europäischen Union im Anwendungsbereich dieses Gesetzes ergeben, insbesondere die Bekanntmachung der Zulassung oder Registrierung von Betrieben, auf das Bundesamt oder die Bundesanstalt für Landwirtschaft und Ernährung zu übertragen.

§ 35 Amtshilfe, gegenseitige Unterrichtung

(1) Die zuständigen Behörden

1.
   erteilen der zuständigen Behörde eines anderen Mitgliedstaates auf begründetes Ersuchen die zur Überwachung der Einhaltung tierseuchenrechtlicher Vorschriften in diesem Mitgliedstaat erforderlichen Auskünfte und übermitteln die dafür notwendigen Schriftstücke,

2.
   überprüfen die von der ersuchenden Behörde mitgeteilten Sachverhalte und teilen ihr das Ergebnis der Prüfung mit.

(2) Die zuständigen Behörden erteilen der zuständigen Behörde eines anderen Mitgliedstaates unter Beifügung der erforderlichen Schriftstücke Auskünfte, die für die Überwachung der Einhaltung tierseuchenrechtlicher Vorschriften in diesem Mitgliedstaat erforderlich sind, insbesondere bei Verstößen oder Verdacht auf Verstöße gegen tierseuchenrechtliche Vorschriften.

(3) Die zuständigen Behörden können, soweit dies zur Tierseuchenbekämpfung erforderlich oder durch Rechtsakte der Europäischen Gemeinschaft oder der Europäischen Union im Anwendungsbereich dieses Gesetzes vorgeschrieben ist, Daten, die sie im Rahmen der Tierseuchenbekämpfung gewonnen haben, den anderen zuständigen Behörden, den anderen Mitgliedstaaten, dem Bundesministerium, dem Friedrich-Loeffler-Institut und der Europäischen Kommission mitteilen. Die zuständigen Behörden können ferner die für die Ermittlungen nach § 25 Absatz 1 des Infektionsschutzgesetzes zuständigen Behörden über den Verdacht oder den Ausbruch einer anzeigepflichtigen Tierseuche, die auf den Menschen übertragen werden kann, unterrichten; personenbezogene Daten dürfen nicht übermittelt werden.

(4) Der Verkehr mit den zuständigen Behörden anderer Mitgliedstaaten und der Europäischen Kommission obliegt dem Bundesministerium, soweit in diesem Gesetz nichts anderes bestimmt ist. Es kann diese Befugnis durch Rechtsverordnung ohne Zustimmung des Bundesrates auf das Friedrich-Loeffler-Institut, das Bundesamt oder die Bundesanstalt für Landwirtschaft und

Ernährung übertragen. Es kann diese Befugnis durch Rechtsverordnung mit Zustimmung des Bundesrates auf die zuständigen obersten Landesbehörden übertragen. Ferner kann es im Einzelfall im Benehmen mit der zuständigen obersten Landesbehörde dieser die Befugnis übertragen. Die obersten Landesbehörden können die Befugnisse nach den Sätzen 3 und 4 auf andere Behörden übertragen.

(5) Die Absätze 1 bis 4 gelten entsprechend für Drittländer, die Vertragspartei des Abkommens über den Europäischen Wirtschaftsraum sind.

-

§ 36 Schiedsverfahren

(1) Ist eine von der zuständigen Behörde getroffene Maßnahme, die sich auf lebende oder tote Tiere, auf Teile von Tieren und Erzeugnisse aus anderen Mitgliedstaaten bezieht, zwischen ihr und dem Verfügungsberechtigten streitig, so können beide Parteien einvernehmlich den Streit durch den Schiedsspruch eines Sachverständigen schlichten lassen. Die Streitigkeit ist binnen eines Monats nach Bekanntgabe der Maßnahme einem Sachverständigen zu unterbreiten, der in einem von der Europäischen Kommission aufgestellten Verzeichnis aufgeführt ist. Der Sachverständige hat das Gutachten binnen 72 Stunden zu erstatten.

(2) Auf den Schiedsvertrag und das schiedsrichterliche Verfahren finden die Vorschriften der §§ 1025 bis 1065 der Zivilprozessordnung entsprechende Anwendung. Gericht im Sinne des § 1062 der Zivilprozessordnung ist das zuständige Verwaltungsgericht; auf Rechtsmittel, die gegen Entscheidungen der zuständigen Verwaltungsgerichte erhoben werden, findet § 1065 der Zivilprozessordnung mit der Maßgabe Anwendung, dass das zuständige Oberverwaltungsgericht über das Rechtsmittel entscheidet. Abweichend von § 1059 Absatz 3 Satz 1 der Zivilprozessordnung muss der Aufhebungsantrag innerhalb eines Monats bei Gericht eingereicht werden.

-

§ 37 Anfechtung von Anordnungen

Die Anfechtung einer Anordnung

1.
    der Absonderung, Einsperrung oder Bewachung kranker oder verdächtiger Tiere,
2.
    von Maßnahmen diagnostischer Art, einer Impfung oder Heilbehandlung bei Tieren,
3.
    eines Verbringungsverbotes für Tiere eines Bestandes oder eines Gebietes,
4.
    über die Untersagung der Anwendung oder der Abgabe, den Rückruf oder die Sicherstellung eines immunologischen Tierarzneimittels oder die Untersagung der Anwendung eines In-vitro-Diagnostikums,
5.
    der Tötung von Tieren,
6.
    der unschädlichen Beseitigung toter Tiere, von Teilen von Tieren oder Erzeugnissen,
7.
    der Reinigung, Desinfektion oder Entwesung,

die auf eine Rechtsverordnung nach § 6 Absatz 1 oder 2, § 26 Absatz 1 oder 2 Nummer 1 oder auf § 39 Absatz 2 gestützt ist, hat keine aufschiebende Wirkung. Ferner hat die Anfechtung einer Anordnung keine aufschiebende Wirkung, soweit

1.
    eine Maßnahme nach Satz 1 angeordnet worden ist und die Anordnung auf § 5 Absatz 1, § 24 Absatz 3 oder § 38 Absatz 11 gestützt ist,

2. die Tötung von Tieren und unschädliche Beseitigung von toten Tieren, Teilen von Tieren und Erzeugnissen auf Grund eines unmittelbar geltenden Rechtsaktes der Europäischen Gemeinschaft oder der Europäischen Union im Anwendungsbereich dieses Gesetzes angeordnet worden ist.

—

§ 38 Rechtsverordnungen und Anordnungsbefugnisse in bestimmten Fällen

(1) Rechtsverordnungen nach diesem Gesetz kann das Bundesministerium auch zur Durchführung von Rechtsakten der Europäischen Gemeinschaft oder der Europäischen Union im Anwendungsbereich dieses Gesetzes erlassen.

(2) Rechtsverordnungen nach diesem Gesetz, die der Zustimmung des Bundesrates bedürfen, können bei Gefahr im Verzuge oder, wenn ihr unverzügliches Inkrafttreten zur Durchführung von Rechtsakten der Europäischen Gemeinschaft oder der Europäischen Union erforderlich ist, ohne Zustimmung des Bundesrates erlassen werden.

(3) Bei Gefahr im Verzuge und soweit dies nach gemeinschaftsrechtlichen Vorschriften zulässig ist, kann das Bundesministerium durch Rechtsverordnung ohne Zustimmung des Bundesrates zu den in § 1 Satz 1 genannten Zwecken die Anwendung eines unmittelbar geltenden Rechtsaktes der Europäischen Gemeinschaft oder der Europäischen Union aussetzen oder beschränken.

(4) Rechtsverordnungen nach Absatz 2 oder 3 treten spätestens sechs Monate nach ihrem Inkrafttreten außer Kraft. Ihre Geltungsdauer kann nur mit Zustimmung des Bundesrates verlängert werden.

(5) Rechtsverordnungen nach diesem Gesetz, die ausschließlich der Umsetzung verbindlicher technischer Vorschriften aus Richtlinien oder Entscheidungen der Organe der Europäischen Union dienen, können ohne Zustimmung des Bundesrates erlassen werden.

(6) Das Bundesministerium wird ermächtigt, durch Rechtsverordnung ohne Zustimmung des Bundesrates Verweisungen auf Vorschriften in Rechtsakten der Europäischen Gemeinschaft oder der Europäischen Union in diesem Gesetz oder in auf Grund dieses Gesetzes erlassenen Rechtsverordnungen zu ändern, soweit es zur Anpassung an Änderungen dieser Vorschriften erforderlich ist.

(7) Das Bundesministerium wird ermächtigt, durch Rechtsverordnung ohne Zustimmung des Bundesrates Vorschriften dieses Gesetzes oder der auf Grund dieses Gesetzes erlassenen Rechtsverordnungen zu streichen oder in ihrem Wortlaut einem verbleibenden Anwendungsbereich anzupassen, soweit sie durch den Erlass entsprechender Vorschriften in unmittelbar geltenden Rechtsakten der Europäischen Gemeinschaft oder der Europäischen Union im Anwendungsbereich dieses Gesetzes unanwendbar geworden sind.

(8) In den Rechtsverordnungen auf Grund dieses Gesetzes kann die jeweilige Ermächtigung ganz oder teilweise auf die Landesregierungen übertragen werden. Soweit eine nach Satz 1 erlassene Rechtsverordnung die Landesregierungen zum Erlass von Rechtsverordnungen ermächtigt, sind diese befugt, die Ermächtigung durch Rechtsverordnung ganz oder teilweise auf andere Behörden zu übertragen.

(9) Die Landesregierungen können Rechtsverordnungen nach § 6 Absatz 1 und 2, den §§ 9, 10 Absatz 2 und § 26 Absatz 1 bis 3 erlassen, soweit das Bundesministerium von seiner Befugnis keinen Gebrauch macht; sie können ihre Befugnis durch Rechtsverordnung auf andere Behörden übertragen.

(10) Bei Gefahr im Verzuge können die Landesregierungen durch Rechtsverordnung im Rahmen der Ermächtigungen des § 6 Absatz 1, der §§ 9 und 26 Absatz 1 bis 3 Vorschriften erlassen, die über die nach diesen Bestimmungen vom Bundesministerium erlassenen Vorschriften hinausgehen, soweit ein sofortiges Eingreifen zum Schutz der Tierbestände vor Tierseuchen erforderlich ist; die Rechtsverordnung ist nach Beendigung der Gefahr aufzuheben. Die Landesregierungen können durch Rechtsverordnung diese Befugnis auf oberste Landesbehörden übertragen.

(11) Die zuständige Behörde kann zur Vorbeugung vor Tierseuchen und deren Bekämpfung eine Verfügung nach Maßgabe der §§ 6, 9, 10 und 26 Absatz 1 bis 3 erlassen, soweit durch Rechtsverordnung eine Regelung nicht getroffen worden ist oder eine durch Rechtsverordnung getroffene Regelung nicht entgegensteht.

–

§ 39 Weitergehende Maßnahmen

(1) Das Bundesministerium wird ermächtigt, durch Rechtsverordnung mit Zustimmung des Bundesrates, soweit es zur Vorsorge für die menschliche oder tierische Gesundheit oder zu deren Schutz erforderlich ist und Regelungen auf Grund anderer Vorschriften dieses Gesetzes oder auf Grund des Lebensmittel- und Futtermittelgesetzbuches oder des Strahlenschutzvorsorgegesetzes nicht getroffen werden können, das innergemeinschaftliche Verbringen, die Einfuhr, die Ausfuhr und die Durchfuhr von lebenden oder toten Tieren, Teilen von Tieren oder Erzeugnissen zu verbieten oder zu beschränken. § 14 Absatz 1 Satz 2 und § 38 Absatz 2 und 4 gelten entsprechend.

(2) Das Bundesministerium wird ferner ermächtigt, durch Rechtsverordnung mit Zustimmung des Bundesrates unter den Voraussetzungen des Absatzes 1 im Hinblick auf lebende und tote Tiere, Teile von Tieren oder Erzeugnisse Vorschriften in entsprechender Anwendung

1. des § 6,

2. des § 7,

3. des § 8,

4. des § 9 oder

5. des § 26

zu erlassen und hierbei insbesondere im Falle nicht im Inland vorkommender Tierseuchen die Tötung von Tieren vorzuschreiben; die §§ 37 und 38 Absatz 1, 2, 4, 10 und 11 gelten entsprechend.

–

§ 40 Verkündung von Rechtsverordnungen

Rechtsverordnungen nach diesem Gesetz können abweichend von § 2 Absatz 1 des Verkündungs- und Bekanntmachungsgesetzes im Bundesanzeiger verkündet werden.

–

§ 41 Verhältnis zu anderen Vorschriften

(1) Soweit in oder auf Futtermitteln Tierseuchenerreger anzeigepflichtiger oder mitteilungspflichtiger Tierseuchen vorhanden sind oder sein können, gelten, vorbehaltlich des Satzes 2, insoweit hinsichtlich der Verbote und Beschränkungen für die Teilnahme am Warenverkehr und die Verwendung innerhalb eines Betriebes, ausschließlich dieses Gesetz und die auf Grund dieses Gesetzes erlassenen Rechtsverordnungen. § 17 Absatz 1 Satz 1 des Lebensmittel- und Futtermittelgesetzbuches bleibt unberührt.

(2) Soweit Daten an andere Mitgliedstaaten, Vertragsstaaten des Abkommens über den Europäischen Wirtschaftsraum oder die Europäische Kommission übermittelt werden, ist § 4b des Bundesdatenschutzgesetzes zu beachten.

–

§ 42 Gebühren

(1) Das Paul-Ehrlich-Institut und das Friedrich-Loeffler-Institut erheben Gebühren und Auslagen für

1.
  die Entscheidung über
  a)
     die Zulassung immunologischer Tierarzneimittel und In-vitro-Diagnostika,
  b)
     die vorläufige Zulassung nach § 11 Absatz 4 Satz 1 Nummer 2,
  c)
     Ausnahmen nach § 11 Absatz 5,
  d)
     die Freigabe einer Charge und die Durchführung einer Chargenprüfung,
  e)
     die Entscheidung über einen Widerspruch gegen einen auf Grund dieses Gesetzes erlassenen Verwaltungsakt oder gegen eine auf Grund einer Rechtsverordnung nach Absatz 2 erfolgte Festsetzung von Gebühren und Auslagen,

2.
  sonstige Amtshandlungen einschließlich der Bearbeitung von Anträgen, Beratungen, Auskünften sowie die Prüfung der Einhaltung der Vorschriften über Grundsätze und Leitlinien der guten Herstellungspraxis,

3.
  Tätigkeiten im Rahmen der Sammlung und Bewertung von Risiken bei der Anwendung immunologischer Tierarzneimittel sowie

4.
  sonstige Prüfungen und Untersuchungen nach diesem Gesetz oder einer auf Grund dieses Gesetzes erlassenen Rechtsverordnung.

(2) Das Bundesministerium wird ermächtigt, im Einvernehmen mit dem Bundesministerium für Wirtschaft und Energie durch Rechtsverordnung, die nicht der Zustimmung des Bundesrates bedarf, die gebührenpflichtigen Tatbestände, die Gebührenhöhe und die Auslagen näher zu bestimmen und dabei feste Sätze oder Rahmengebühren festzusetzen. Die zu erstattenden Auslagen können abweichend vom Verwaltungskostengesetz geregelt werden.

(3) Soweit ein Widerspruch gegen eine auf Grund einer Rechtsverordnung

1.
  nach Absatz 2 oder

2.
  nach einem anderen Bundesgesetz

erfolgten Festsetzung von Gebühren und Auslagen für Amtshandlungen nach diesem Gesetz erfolgreich ist, werden Aufwendungen im Sinne des § 80 Absatz 1 des Verwaltungsverfahrensgesetzes bis zur Höhe der jeweils für die Zurückweisung eines entsprechenden Widerspruchs vorgesehenen Gebühren, bei Rahmengebühren bis zu deren Mittelwert, erstattet. Satz 1 gilt für einen Widerspruch gegen einen auf Grund dieses Gesetzes erlassenen Verwaltungsakt entsprechend.

(4) Die Absätze 1 und 2 sind nicht mehr anzuwenden, soweit zum Zeitpunkt des Inkrafttretens dieses Gesetzes oder zu einem Zeitpunkt nach dem Inkrafttreten dieses Gesetzes bundesrechtliche Vorschriften in Kraft getreten sind oder in Kraft treten, die inhaltsgleiche oder entgegenstehende Bestimmungen enthalten; eine auf Grund des Absatzes 2 erlassene Rechtsverordnung bleibt davon unberührt. Das Bundesministerium macht den nach Satz 1 maßgeblichen Tag im Bundesgesetzblatt bekannt.

Fußnote

(+++ § 42 Abs. 1 u. 2: Zur Nichtanwendung des § 42 Abs. 1 u. 2 ab dem 1.5.2014 vgl. Bek. v. 4.11.2013 I 3942 +++)

-

§ 43 Übergangsvorschriften

(1) Ausnahmegenehmigungen nach § 17c Absatz 4 des Tierseuchengesetzes in der Fassung der Bekanntmachung vom 22. Juni 2004 (BGBl. I S. 1260, 3588), das zuletzt durch Artikel 2 Absatz 87 des Gesetzes vom 22. Dezember 2011 (BGBl. I S. 3044) geändert worden ist, gelten bis zum Ablauf der jeweiligen Genehmigung fort.

(2) Eine Erlaubnis für die Herstellung von Sera, Impfstoffen und Antigenen nach § 17d Absatz 1 Satz 1 des Tierseuchengesetzes in der Fassung der Bekanntmachung vom 22. Juni 2004 (BGBl. I S. 1260, 3588), das zuletzt durch Artikel 2 Absatz 87 des Gesetzes vom 22. Dezember 2011 (BGBl. I S. 3044) geändert worden ist, die bis zum 30. April 2014 erteilt worden ist, gilt im bisherigen Umfang als Erlaubnis im Sinne des § 12 Absatz 1 fort.

(3) § 11 Absatz 2 ist ab dem 1. Januar 2015 anzuwenden. Bis zu diesem Zeitpunkt sind die Vorschriften des § 17c des Tierseuchengesetzes in der bis zum Ablauf des 27. Mai 2013 geltenden Fassung über die Zulassung und Verwendung von Nachweismethoden anzuwenden.

(4) Das Bundesministerium wird ermächtigt, durch Rechtsverordnung ohne Zustimmung des Bundesrates in Rechtsverordnungen, die auf Grund des Tierseuchengesetzes erlassen worden sind, die Anpassungen vorzunehmen, die erforderlich sind, um die jeweilige Rechtsverordnung an die Ablösung des ermächtigenden Gesetzes durch dieses Gesetzes anzupassen.

-

§ 44 Änderung weiterer Vorschriften

-

§ 45 Inkrafttreten, Außerkrafttreten

(1) Dieses Gesetz tritt vorbehaltlich des Absatzes 2 am 1. Mai 2014 in Kraft. Zu dem in Satz 1 genannten Zeitpunkt tritt das Tierseuchengesetz in der Fassung der Bekanntmachung vom 22. Juni 2004 (BGBl. I S. 1260, 3588), das zuletzt durch Artikel 2 Absatz 87 des Gesetzes vom 22. Dezember 2011 (BGBl. I S. 3044) geändert worden ist, außer Kraft.

(2) Soweit dieses Gesetz zum Erlass von Rechtsverordnungen ermächtigt oder zur Verkündung im Bundesanzeiger befugt, tritt dieses Gesetz am Tag nach der Verkündung in Kraft.

www.ingramcontent.com/pod-product-compliance
Lightning Source LLC
Chambersburg PA
CBHW070810180526
45168CB00002B/561